한국어문회시행

한자능력검정시험

7급

기본서 + 문제집

◆ 각 유형별 상세정리 4P
◆ 섞음漢字 6P
◆ 각 유형별 문제집 6P
◆ 예상 문제집 10회
◆ 최근 기출 문제집 9회

'섞음漢字' 특허 : 제10-0636034호

백상빈 · 김금초 엮음

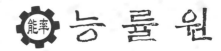

能率 능률원

머리말

　우리나라 말(한국어) 어휘의 70% 정도가 한자어로 구성되어
있는 현실에서 한글전용만으로는 상호간의 의사소통이 모호할뿐
만 아니라 학생들의 학습능력을 감소시킴으로써 국민의 국어능
력을 전면적으로 저하시키는 결과가 과거 30여년간의 한글 전용
교육에서 명백히 드러났슴을 우리는 보아왔습니다.

　이는 우리 선조들이 약 2000년전에 중국의 한자와 대륙문화를
받아들이고 중국사람들과 많이 교통하면서 한자로 이루어진 어
휘를 많이 빌려쓰게 되었으며 그후 계속해서 오늘날에 이르기까
지 계속 한자어를 사용해 오던것을 갑자기 이런 큰 틀을 뒤엎고
한글전용만을 주장한다면 우리말을 이해하고 표현하는데 큰 어려
움이 따르기 때문입니다.

　우리는 이제 한글과 한자를 혼용함으로써 우리말 어휘력 향상에
공헌하고 한국어를 제대로 이해해야 할것입니다.

　다행히도 1990년대에 들어서 한국어문회 산하인 한국한자능
력검정회에서 각 급수별 자격시험을 실시하여 수험생들에게 국
어의 이해력과 어휘력 향상을 크게 높여 오고 있는것은 매우 고
무적이고 다행스런 일이라 하겠습니다.

　때에 맞춰 한자학습에 대한 이런 관심이 사회 각계에서 반영되고
있는데 한자능력에 따라 인사, 승진 등 인사고과의 혜택과 대학
수시모집 및 특기자 전형에서 그 실례를 찾을수 있습니다.

　이에 따라 본 학습서가 전국한자능력시험을 준비하는 학생들에게
훌륭한 길잡이가 되어 최선의 학습방법으로 합격의 기쁨을 누리기
바랍니다.

편저자 씀

차 례

◉ 급수별 합격기준

구 분	특급	특급II	1급	2급	3급	3급II	4급	4급II	5급	6급	6급II	7급	8급
출제문항수	200	200	200	150	150	150	100	100	100	90	80	70	50
합격문항수	160	160	160	105	105	105	70	70	70	63	56	49	35
시험시간	100	90	90	60	60	60	50	50	50	50	50	50	50

◉ 급수별 출제유형

문제유형	특급	특급II	1급	2급	3급	3급II	4급	4급II	5급	6급	6급II	7급	8급
읽기배정한자	5,978	4,918	3,500	2,350	1,817	1,500	1,000	750	500	300	300	150	50
쓰기배정한자	3,500	2,355	2,005	1,817	1,000	750	500	400	300	150	50	0	0
독 음	50	50	50	45	45	45	30	35	35	33	32	32	25
훈 음	32	32	32	27	27	27	22	22	24	23	30	30	25
장 단 음	10	10	10	5	5	5	5	0	0	0	0	0	0
반 의 어	10	10	10	10	10	10	3	3	4	4	3	3	0
완 성 형	15	15	15	10	10	10	5	5	5	4	3	3	0
부 수	10	10	10	5	5	5	3	3	0	0	0	0	0
동 의 어	10	10	10	5	5	5	3	3	3	2	0	0	0
동음이의어	10	10	10	5	5	5	3	3	3	2	0	0	0
뜻 풀 이	10	10	10	5	5	5	3	3	3	2	2	2	0
필 순	0	0	0	0	0	0	0	0	0	3	3	2	2
약 자	3	3	3	3	3	3	3	3	3	0	0	0	0
한자쓰기	40	40	40	30	30	30	20	20	20	20	10	0	0

◉ 대학 수시모집 및 특별전형에 반영

대 학	학 과
경북대학교	특기자특별전형(한자/한문 분야)
경상대학교	특기자특별전형 – 본회 2급 이상
경성대학교	외국어 우수자 선발(한문학과) – 본회 3급 이상
공주대학교	특기자특별전형(한자/한문 분야) – 본회 3급 이상
계명대학교	대학독자적 기준에 의한 특별전형(학교장 또는 교사 추천자) – 한문교육
국민대학교	특기자특별전형(중어중문학과) – 본회 1급 이상
단국대학교	특기자특별전형(한문 분야)
동아대학교	특기자특별전형(국어/한문 분야) – 본회 3급 이상
동의대학교	특기자특별전형(어학 특기자) – 본회 1급 이상
대구대학교	특기자특별전형(한자우수자) – 본회 3급 이상
명지대학교	특기자특별전형(어학분야) – 본회 2급 이상
부산외국어대학교	대학독자적 기준에 의한 특별전형(외국어능력우수자) – 본회 3급 이상
성균관대학교	특기자전형 : 인문과학계열(유학동양학부) – 본회 2급 이상
아주대학교	특기자특별전형(문학 및 한문 분야)
영남대학교	특기자특별전형(어학) – 본회 2급 이상
원광대학교	특기자특별전형(한문 분야)
중앙대학교	특기자특별전형(국제화특기분야) – 본회 2급 이상
충남대학교	특기자특별전형(문학·어학분야) – 본회 3급 이상

◉ 기업체 입사 · 승진 · 인사고과 반영

구 분	내 용	비 고
육 군	부사관 5급 이상 / 위관장교 4급 이상 / 영관장교 3급 이상	인사고과
조 선 일 보	기자채용시 3급 이상 우대	입 사
삼성그룹외	중요기업체들 입사시 한문 비중있게 출제 3급 이상 가산점	입 사

한자능력검정 시험안내

▶ 주　　관 : (사)한국어문회 (☎ 02-6003-1400), (☎ 1566-1400)

▶ 시험일시 : 연 4회 ┌ 교육급수 : 2, 4, 8, 11월 오전 11시
　　　　　　　　　 └ 공인급수 : 2, 4, 8, 11월 오후 3시

※ 공인급수, 교육급수 분리시행

공인급수는 특급·특급Ⅱ·1급·2급·3급·3급Ⅱ이며, 교육급수는 4급·4급Ⅱ·5급·6급·6급Ⅱ·7급·8급입니다.

▶ 접수방법

1. 방문접수

● 접수급수 : 특급 ~ 8급

● 접 수 처 : 각 시·도 지정 접수처 　※ (02)6003-1400, 1566-1400, 또는 인터넷(네이버에 "한국어문회" 치고
들어가서 다시 "한자검정" 클릭

● 접수방법 : 먼저 스스로에게 맞는 급수를 정한 후, 반명함판사진(3×4cm) 3매, 급수증 수령주조, 주민등록번
호, 한자이름을 메모해서 해당접수처로 가서 급수에 해당하는 응시료를 현금으로 납부한 후 원서
를 작성하여 접수처에 제출하면 됩니다.

2. 인터넷접수

● 접수급수 : 특급 ~ 8급

● 접 수 처 : www.hangum.re.kr

● 접수방법 : 인터넷 접수처 게시

3. 우편접수

● 접수급수 : 특급, 특급Ⅱ

● 접 수 처 : 한국한자능력검정회(서울특별시 서초구 서초1동 1627-1 교대벤처타워 401호)

● 접수방법 : 해당 회차 인터넷 또는 청구접수기간내 발송한 우편물에 한하여 접수가능(접수마감일 소인 유효)

▶ 검 정 료

급수/검정료	특 급	특급Ⅱ	1 급	2급~3급Ⅱ	4 급	4급Ⅱ	5 급	6 급	6급Ⅱ~8급
	40,000	40,000	40,000	20,000	15,000				15,000

※ 인터넷으로 접수하실 경우 위 검정료에 접수수수료가 추가됩니다.

▶ 접수시 준비물

반명함판사진 3매 / 응시료(현금) / 이름(한글·한자) / 주민등록번호 / 급수증 수령주소

▶ 응시자격 :

● 제한없음, 능력에 맞게 급수를 선택하여 응시하면 됩니다.

● 1급은 서울, 부산, 대구, 광주, 대전, 전주, 청주, 제주에서만 실시하고, 특급과 특급Ⅱ는 서울에서만 실시합니다.

▶ 합격자발표 : 인터넷접수 사이트(www.hangum.re.kr) 및 ARS(060-800-1100), 1566-1400

漢字의 畫數(획수)와 筆順(필순)

● **畫數**(획수) 글씨를 쓸때 펜을 데었다가 자연스럽게 펜이 떨어질때까지를 일획(一畫)으로 여긴다.

예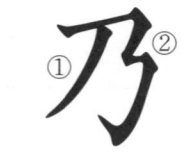
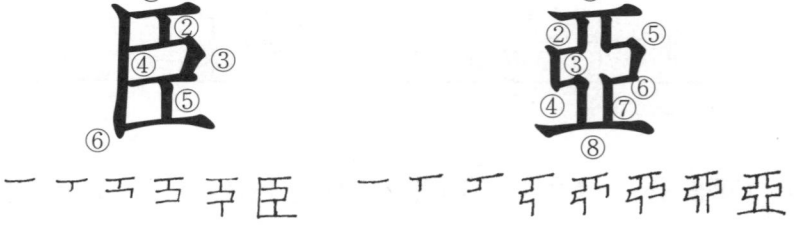

● **筆順**(필순) (1) 대체로 위에서 아래로   (2) 왼쪽에서 오른쪽으로
(3) 가로에서 세로로 쓰는 3대 원칙이 기본적으로 적용된다.

(1) 위에서 아래로 씀 : 예 王(一丁干王), 合(丿人人合合合), 元(一二テ元)

(2) 왼쪽에서 오른쪽으로 씀 : 예 川(丿刂川), 林(一十才木一杧材林)

(3) 가로획을 먼저씀 : 예 下(一丁下), 木(一十才木)

(4) 가운데를 먼저씀 : 예 小(丿刂小), 出(丨屮屮出出)

(5) 바깥을 먼저 쓰는 경우 : 예 岡(丨冂冂冈冈岡岡), 同(丨冂冂冃同同)

(6) 꿰뚫는 획은 나중에 씀 : 예 事(一丅丏丏耳耳耳事), 中(丨冂口中), 女(乀夊女)

(7) 오른쪽위에 있는 점은 나중에 씀 : 예 戈(一弋戈戈), 犬(一ナ大犬)

(8) 받침이 있을 경우 나중에 씀 : 예 道(丷丬首首道道道), 建(一コ中寻聿聿津建建)

※ 필순에서 예외인 경우도 있다.

部首(부수)의 위치에 따라 부르는 명칭

部首(부수)는 항상 한 글자 형태 안에서 일정한 위치를 차지하고 있으며,
위치에 따라 부르는 명칭도 달라지는데 이를 열거하자면
[변, 방, 머리, 발, 엄(밑), 받침, 몸]으로 구분된다.

(1) 변 : 부수가 글자의 왼쪽을 차지할때
'변'이라 한다.

예

물 강	물건 물	재주 기
江	物	技
氵: 삼수변	牜: 소우변	扌: 재방변

(2) 방 : 부수가 글자의 오른쪽을 차지할때
'방'이라 한다.

예

고을 군	본받을 효	이를 도
郡	效	到
阝: 우부방	攵: 등글월문방	刂: 선칼도방

(3) 머리 : 부수가 글자의 위를 차지할때
'머리'라 한다.

예

만약 약	차례 제	서울 경
若	第	京
⺾: 풀초머리(초두)	⺮: 대죽머리	亠: 돼지해머리

(4) 발 : 부수가 글자의 아래를 차지할때
'발'이라 한다.

예

먼저 선	세찰 렬	다할 진
先	烈	盡
儿: 어진사람인발	灬: 연화발	皿: 그릇명

(6) 엄 : 부수가 글자의 위와 왼쪽을
차지할때 '엄' 또는 '밑'이라 한다.

예

가게 점	전염병 역	재앙 앙
店	疫	厄
广: 집엄	疒: 병질밑	厂: 굴바위엄

(7) 받침 : 부수가 글자의 왼쪽과 아래를
차지할때 '받침'이라 한다.

예

지을 조	세울 건	일어날 기
造	建	起
辶: 책받침	廴: 민책받침	走: 달릴주

(8) 몸 : 부수가 글자의 삼면이나 사면 또는
좌우를 차지할때 '몸' 또는 '에운담'이라 한다.

예

동산 원	구역 구	기술 술
園	區	術
囗: 큰입구몸	匸: 감출혜몸	行: 다닐행

(9) 제부수 : 글자 자체가 부수의 하나일때
'제부수'라 한다.

예

車	女	金
수레거 : 제부수	계집녀 : 제부수	쇠금 : 제부수

부수(部首) 정리

※ 부수(部首)는 총 214字이지만 7급배정 漢字에 속하는 부수는 82字 정도입니다.
※ 부수(部首)를 써 보고 익힘으로서 漢字를 쓰는데 필순이 정확하고 자신감을 갖게 되며 암기도 잘 됩니다.

1획								
一	一							
	한 일	한글로 된 '란'은 쓰지 않아도 됩니다.						
丨	丨							
	뚫을 곤	한글로 된 '란'은 쓰지 않아도 됩니다.						
丶	丶							
	점 주							
丿	丿							
	삐침 별							
乙	乙							
	새 을							
乚	乚							
	새을 방							
亅	亅							
	갈고리 궐							
2획								
二	二							
	두 이							
人	人							
	사람 인							
亻	亻							
	사람인변							
儿	儿							
	어진사람 인							
入	入							
	들 입							
八	八							
	여덟 팔							
冖	冖							
	덮을 멱/민갓머리							
冫	冫							
	얼음 빙/이수변							

口	ㄴㅂ 입벌릴감/위터진입구										
刀	ㄱ刀 칼 도										
リ	ㅣㅣ 선칼도방										
力	ㄱ力 힘 력										
匕	ㄴ匕 비수 비										
十	一十 열 십										
口	ㅣㄇ口 입 구										
囗	ㅣㄇ口 큰입구몸/에울 위										
土	一十土 흙 토										
夂	ㄱㄠ夂 뒤져올 치										
夕	ㄱㄠ夕 저녁 석										
大	一ナ大 큰 대										
女	く女女 계집 녀										
子	ㄱㄱ子 아들 자										
宀	丶丶宀 집면/갓머리										

寸	一寸寸										
	마디 촌										
小	亅小小										
	작을 소										
山	丨山山										
	메 산										
川	丿川川										
	내 천										
巛	巛巛巛										
	개미허리 천										
工	一丅工										
	장인 공										
巾	丨冂巾										
	수건 건										
干	一二干										
	방패 간										
弓	弓弓弓										
	활 궁										
4획 心	心心心心										
	마음 심										
忄	忄忄忄										
	심방 변										
戶	戶戶戶										
	지게 호										
手	手手手手										
	손 수										
扌	一扌扌										
	재방 변										
攵	攵攵攵攵										
	등글월문 방										

文	`ﾐ亠ナ文` 글월 문										
方	`ﾐ亠方方` 모 방										
日	`lﾔ日` 날 일										
月	`lﾌ月月` 달 월										
木	`一十才木` 나무 목										
欠	`ﾉ勺勺欠` 하품흠방										
止	`lﾄﾚ止` 그칠 지										
毋	`乚口毋毋` 말 무										
氏	`仁f氏` 성씨 씨										
气	`ﾉﾆ气` 기운 기										
水	`l水水水` 물 수										
氵	`ﾐﾐﾆ氵` 삼수변										
火	`ﾐﾐ少火` 불 화										
灬	`ﾐ丶灬灬` 연화발										
父	`ﾐﾐ父父` 아비 부										

牛	ノ 𠂉 牛										
	소 우										
牜	ノ 𠂉 牛 牜										
	소우변										
(5획) 玉	一 二 千 王 玉										
	구슬 옥										
王	一 二 千 王										
	구슬옥변/임금왕										
生	ノ 𠂉 𠂒 牛 生										
	날 생										
田	丨 冂 日 田 田										
	밭 전										
癶	フ ヲ ヲ' 癶										
	필발머리										
白	′ 亻 白 白										
	흰 백										
目	冂 月 目 目										
	눈 목										
示	一 二 亍 示										
	보일 시										
礻	` ラ 礻 礻										
	보일시변										
禾	ノ 二 千 禾 禾										
	벼 화										
穴	` 丶 宀 穴 穴										
	구멍 혈										
立	亠 亠 亣 立										
	설 립										
(6획) 糸	𠃋 幺 幺 糸 糸 糸										
	실 사										

竹 竹	ノ 欠 欠 竹 대 죽									
	ゲ 欠 竹 竹 대죽머리									
老 耂	一 十 土 耂 耂 老 늙을 로									
	一 十 土 耂 늙을로 엄									
肉 月	1 冂 冈 肉 고기육/살육									
	丿 冂 月 육달월									
自	ノ 竹 自 自 스스로 자									
色	ク ク ク 各 色 빛 색									
艸 풀 초 艸	丨 艹 艹 艹 초두머리									
	一 十 艹 초두머리									
西	一 冂 丙 西 덮을 아									
7획 言	一 三 言 言 말씀 언									
足	口 무 무 足 발 족									
足	口 무 足 발족 변									
車	一 戶 日 車 車 수레거(차)									

辰	一丆万万辰辰 별 진									
辵 쉬엄쉬엄갈착	゙゙゙゙゙辶 책받침									
辶	゙゙゙゙゙辶辶 책받침									
邑	口吊吊邑 고을 읍									
阝	゙゙阝阝 우부방									
里	冂口曰曱里里 마을 리									
金	人亼仐仐全金金 쇠 금									
長	I仨F長長長長 긴장/어른장									
門	IMMM門門 문 문									
雨	一仃而雨雨 비 우									
青	二キ主青青青 푸를 청									
面	一ナ丆丙而而面面 낯 면									
食	人亼仐仐食食食 밥 식									
韋	吂吾喜韋韋 가죽 위									

이상 82字

배 정 한 자

8급 ~ 7급까지 급수별

8급 배정한자

教	가르칠 교	등글월문 [攵(攴)]부/총11획						
	×二产考考考教教教		敎					

校	학교 교	나무 목 [木]부/총10획						
	一十才木木木杧枝校		校					

九	아홉 구	새 을 [乙]부/총2획						
	丿九		九					

國	나라 국	큰입구몸 [囗]부/총11획						
	丨冂冂同同同國國國		國					

軍	군사 군	수레 거 [車]부/총9획						
	丨冖冖写冒冒宣軍		軍					

金	쇠 금/성 김	쇠 금 [金]부/총8획						
	丿人人全全余金金		金					

南	남녘 남	열 십 [十]부/총9획						
	一十广内内南南南南		南					

女	계집 녀	계집 녀 [女]부/총3획						
	人女女		女					

年	해 년	방패 간 [干]부/총6획						
	丿广仁仨年年		年					

大	큰 대	큰 대 [大]부/총3획						
	一ナ大		大					

東	동녘 동	나무 목 [木]부/총8획						
	一丆币両宙車東東		東					

六	여섯 륙	여덟 팔 [八]부/총4획						
	丶亠广六		六					

萬	일만 만	초두머리 [艹(艸)]부/총13획						
	丨丬廿芦芦芦萬萬萬		萬					

母	어미 모	말 무 [毋]부/총5획						
	乚母母母母		母					

木	나무 목	나무 목 [木]부/총4획						
	一十才木		木					

門	문 문	문 문 [門]부/총8획						
	丨冂冂冃門門門門		門					

民	백성 민　　각시 씨 [氏]부/총5획 フ コ 尸 尸 民	民						
白	흰 백　　흰 백 [白]부/총5획 ノ 亻 白 白 白	白						
父	아비 부　　아비 부 [父]부/총4획 ノ 八 グ 父	父						
北	북녘 북　　비수 비 [匕]부/총5획 丨 キ キ キ 北	北						
四	넉 사　　큰입구몸 [口]부/총5획 丨 冂 冂 四 四	四						
山	메 산　　메 산 [山]부/총3획 丨 山 山	山						
三	석 삼　　한 일 [一]부/총3획 一 二 三	三						
生	날 생　　날 생 [生]부/총5획 ノ 亻 仁 牛 生	生						
西	서녘 서　　덮을 아 [西]부/총6획 一 丆 两 两 西 西	西						
先	먼저 선　　어진사람인발 [儿]부/총6획 ノ 亠 生 生 步 先	先						
小	작을 소　　작을 소 [小]부/총3획 丨 刂 小	小						
水	물 수　　물 수 [水]부/총4획 丨 刂 水 水	水						
室	집 실　　갓머리 [宀]부/총9획 丶 丷 宀 宀 宇 宇 宰 室 室	室						
十	열 십　　열 십 [十]부/총2획 一 十	十						
五	다섯 오　　두 이 [二]부/총4획 一 丆 五 五	五						
王	임금 왕　　구슬 옥 [王(玉)]부/총4획 一 二 干 王	王						
外	바깥 외　　저녁 석 [夕]부/총5획 ノ ク タ 夕 外	外						

月 달 월 달 월 [月]부/총4획 丿几月月	月								
二 두 이 두 이 [二]부/총2획 一二	二								
人 사람 인 사람 인 [人]부/총2획 丿人	人								
一 한 일 한 일 [一]부/총1획 一	一								
日 날 일 날 일 [日]부/총4획 丨冂冃日	日								
長 긴 장 긴 장 [長]부/총8획 丨ㄷ FF 토토長長	長								
弟 아우 제 활 궁 [弓]부/총7획 、丷브브弟弟	弟								
中 가운데 중 뚫을 곤 [丨]부/총4획 丨口口中	中								
靑 푸를 청 푸를 청 [靑]부/총8획 二‡±主靑靑	靑								
寸 마디 촌 마디 촌 [寸]부/총3획 一寸寸	寸								
七 일곱 칠 한 일 [一]부/총2획 一七	七								
土 흙 토 흙 토 [土]부/총3획 一十土	土								
八 여덟 팔 여덟 팔 [八]부/총2획 丿八	八								
學 배울 학 아들 자 [子]부/총16획 丶ʳ ʳ ʳʳ 趴 兒 學學	學								
韓 한국/나라 한 가죽 위 [韋]부/총17획 + 音 卓 卓' 卓" 乾乾韓韓	韓								
兄 형 형 어진사람인발 [儿]부/총5획 丨口尸兄	兄								
火 불 화 불 화 [火]부/총4획 丶丷丷火	火								

歌	노래 가 하품 흠 [欠]부/총14획 一厂厂可可哥哥哥哥歌歌	歌							
家	집 가 갓머리 [宀]부/총10획 、宀宀宁宇宇家家家	家							
間	사이 간 문 문 [門]부/총12획 ｜丨丬闩門門開間	間							
江	강 강 삼수변 [氵(水)]부/총6획 、、氵氵江江	江							
車	수레 거(차) 수레 거 [車]부/총7획 一厂厂厅目車車	車							
工	장인 공 장인 공 [工]부/총3획 一丁工	工							
空	빌 공 굴 혈 [穴]부/총8획 、、宀宀宂空空	空							
口	입 구 입구 [口]부/총3획 ｜冂口	口							
旗	기 기 모 방 [方]부/총14획 、亠方方扩扩旅旗旗	旗							
記	기록할 기 말씀 언 [言]부/총10획 、一言言言言言記記	記							
氣	기운 기 기운기엄 [气]부/총10획 ノ一气气气气氧氧氣氣	氣							
男	사내 남 밭 전 [田]부/총7획 ｜冂田田田男男	男							
內	안 내 들 입 [入]부/총4획 ｜冂内内	內							
農	농사 농 별 진 [辰]부/총13획 ｜冂曰曲曲曲典農農農	農							
答	대답 답 대죽머리 [竹]부/총12획 ノ个竹竹竹竺答答答	答							
道	길 도 책받침 [辶(辵)]부/총13획 、丷艹首首道道道	道							

冬	겨울 동 이수변 [冫]부/총5획 ノ ク 久 冬 冬	冬									
動	움직일 동 힘 력 [力]부/총11획 一 亻 亩 重 重 動 動	動									
同	한가지 동 입 구 [口]부/총6획 丨 冂 冂 同 同 同	同									
洞	골 동/밝을 통 삼수변 [氵(水)]부/총9획 丶 丶 氵 汩 汩 洞 洞 洞 洞	洞									
登	오를 등 필발머리 [癶]부/총12획 丶 癶 癶 癶 癶 癶 癶 登 登	登									
來	올 래 사람인 [人]부/총8획 一 丆 求 來 來	來									
力	힘 력 힘 력 [力]부/총2획 フ 力	力									
老	늙을 로 늙을 로 [老]부/총6획 一 十 土 耂 老 老	老									
里	마을 리 마을 리 [里]부/총7획 丨 冂 日 旦 甲 里	里									
林	수풀 림 나무 목 [木]부/총8획 一 十 オ 木 朾 村 材 林	林									
立	설 립 설 립 [立]부/총5획 丶 亠 立 立 立	立									
每	매양 매 말 무 [毋]부/총7획 丿 𠂉 𠂉 每 每 每 每	每									
面	낯 면 낯 면 [面]부/총9획 一 丆 厂 币 而 而 面 面 面	面									
名	이름 명 입 구 [口]부/총6획 丿 ク 夕 夕 名 名	名									
命	목숨 명 입 구 [口]부/총8획 丿 入 入 合 合 命 命	命									
問	물을 문 입 구 [口]부/총11획 丨 冂 冂 冋 門 門 門 門 問	問									
文	글월 문 글월 문 [文]부/총4획 丶 亠 亠 文	文									

物	물건 물 소 우 [牛]부/총8획 ノ ト ヒ 牛 牜 物 物 物	物								
方	모 방 모 방 [方]부/총4획 ヽ 亠 方 方	方								
百	일백 백 흰 백 [白]부/총6획 一 ア ア 币 百 百	百								
夫	지아비 부 큰 대 [大]부/총4획 一 二 丰 夫	夫								
不	아닐 불(부) 한 일 [一]부/총4획 一 ア 不 不	不								
事	일 사 갈고리 궐 [亅]부/총8획 一 亍 亓 曱 写 写 writing 事	事								
算	셈 산 대 죽 [竹]부/총14획 ノ ⺮ ⺮ 竺 筲 笪 算 算	算								
上	윗 상 한 일 [一]부/총3획 丨 卜 上	上								
色	빛 색 빛 색 [色]부/총6획 ノ ⺈ 夕 色 色	色								
夕	저녁 석 저녁 석 [夕]부/총3획 ノ ク 夕	夕								
姓	성 성 계집 녀 [女]부/총8획 く 乂 女 女 女 姓 姓 姓	姓								
世	인간 세 한 일 [一]부/총5획 一 十 廿 世 世	世								
少	적을 소 작을 소 [小]부/총4획 丨 八 小 少	少								
所	바 소 집 호 [戸]부/총8획 ヽ 亍 戸 戸 所 所 所	所								
手	손 수 손 수 [手]부/총4획 ヽ 二 三 手	手								
數	셈 수 등글월문 [攵(攴)]부/총15획 丨 曰 曰 串 串 婁 婁 婁 數 數	數								
時	때 시 날 일 [日]부/총10획 丨 刀 月 日 日 旪 旪 時 時 時	時								

市	저자 시　　수건 건 [巾]부/총5획 `丶亠亠市市	市								
植	심을 식　　나무 목 [木]부/총12획 木木木杧栟栝植植植	植								
食	밥/먹을 식　　밥 식 [食]부/총9획 人人今今合令食食食	食								
心	마음 심　　마음 심 [心]부/총4획 丿心心心	心								
安	편안 안　　갓머리 [宀]부/총6획 丶丷宀安安安	安								
語	말씀 어　　말씀 언 [言]부/총14획 丶亠言言言訂訂訢語語語語	語								
然	그럴 연　　연화발 [灬(火)]부/총12획 丿夕夕夕 狄狀 然然然	然								
午	낮 오　　열 십 [十]부/총4획 丿丄二午	午								
右	오른쪽 우　　입 구 [口]부/총5획 丿ナ才右	右								
有	있을 유　　달 월 [月]부/총6획 丿ナ有有	有								
育	기를 육　　육달월 [月(肉)]부/총8획 丶亠云育育育育	育								
邑	고을 읍　　고을 읍 [邑]부/총7획 丨冂口吕吕吕邑	邑								
入	들 입　　들 입 [入]부/총2획 丿入	入								
子	아들 자　　아들 자 [子]부/총3획 了子	子								
字	글자 자　　아들 자 [子]부/총6획 丶丷宀字字	字								
自	스스로 자　　스스로 자 [自]부/총6획 丿自自自自自	自								
場	마당 장　　흙 토 [土]부/총12획 一十土圹坥坦琩場場場	場								

漢字	訓音	부수/획수	필순	쓰기 칸
全	온전 전	들 입 [入]부/총6획	人 스 仝 仝 全	全
前	앞 전	선칼도방 [刂(刀)]부/총9획	丶 丷 广 俨 肖 前 前	前
電	번개 전	비 우 [雨]부/총13획	一 宀 广 市 雨 雨 雨 雪 雷 雷 電	電
正	바를 정	그칠 지 [止]부/총5획	一 T 下 正 正	正
祖	할아비 조	보일 시 [示]부/총10획	一 亍 礻 利 利 和 和 相 祖	祖
足	발 족	발 족 [足]부/총7획	丨 口 口 里 足 足 足	足
左	왼쪽 좌	장인 공 [工]부/총5획	一 ナ 左 左 左	左
主	주인/임금 주	점 주 [丶]부/총5획	丶 亠 二 主 主	主
住	살 주	사람인변 [亻(人)]부/총7획	亻 亻 亻 仹 住 住	住
重	무거울 중	마을 리 [里]부/총9획	一 亠 旨 旨 重 重	重
地	땅 지	흙 토 [土]부/총6획	一 十 土 圤 地 地	地
紙	종이 지	실 사 [糸]부/총10획	丨 幺 幺 糸 糸 糸 紆 紙 紙 紙	紙
直	곧을 직	눈 목 [目]부/총8획	一 十 十 方 冇 直 直 直	直
千	일천 천	열 십 [十]부/총3획	丿 二 千	千
天	하늘 천	큰 대 [大]부/총4획	一 二 チ 天	天
川	내 천	내 천 [川(巛)]부/총3획	丿 川 川	川
草	풀 초	초두머리 [艹(艸)]부/총10획	丨 十 廿 井 苧 芒 苩 草 草 草	草

村	마을 촌 　　　 나무 목 [木]부/총7획 一 十 才 木 村 村 村	村								
秋	가을 추 　　　 벼 화 [禾]부/총9획 二 千 千 禾 禾 利 秋 秋	秋								
春	봄 춘 　　　 날 일 [日]부/총9획 一 二 三 声 夫 表 春 春	春								
出	날 출 　　　 위튼입구몸 [凵]총5획 丨 屮 屮 出 出	出								
便	편할 편/똥오줌 변 　 사람인변 [亻(人)]부/총9획 亻 亻 亻 仁 仨 佰 佰 便 便	便								
平	평평할 평 　　　 방패 간 [干]부/총5획 一 厂 丌 立 平	平								
下	아래 하 　　　 한 일 [一]부/총3획 一 丁 下	下								
夏	여름 하 　　　 뒤쳐올 치 [夊]부/총10획 一 丁 丆 丙 丙 百 百 夏 夏 夏	夏								
漢	한수/한나라 한 　 삼수변 [氵(水)]부/총14획 氵 氵 汁 汁 洪 洪 潢 潢 漢	漢								
海	바다 해 　　　 삼수변 [氵(水)]부/총10획 氵 氵 汇 氻 海 海 海	海								
花	꽃 화 　　　 초두머리 [艹(艸)]부/총8획 丷 艹 艹 艹 芢 花 花	花								
話	말씀 화 　　　 말씀 언 [言]부/총13획 亠 言 言 言 言 訐 訐 話	話								
活	살 활 　　　 삼수변 [氵(水)]부/총9획 氵 氵 汇 汇 汗 汗 活 活	活								
孝	효도 효 　　　 아들 자 [子]부/총7획 一 十 土 耂 考 孝	孝								
後	뒤 후 　　　 두인변 [彳]부/총9획 彳 彳 彳 衫 律 徨 後 後	後								
休	쉴 휴 　　　 사람인변 [亻(人)]부/총6획 亻 亻 仁 休 休 休	休								

섞음 漢字 사용법

1. 뒷면 27쪽부터는 섞음漢字이므로 먼저 이것들을 가로, 세로를 좇아 읽기를 반복하여 전체를 잘읽을줄 알아야 합니다.

2. '섞음漢字'(27쪽)와 '섞음漢字훈음표'(25쪽)는 그 번호가 서로 같습니다. 검사하면서 모르는 漢字는 적당한 양만큼 가려내서 '섞음漢字훈음표'(25쪽)를 보고 확인한 다음 3번씩 써보면서 외우세요.

3. 이런 방법으로 자주 반복해서 하고 결국은 모두 다 알 수 있도록 한다음 연습문제와 예상문제 그리고 기출문제를 풀어가면 됩니다.

※ 섞음漢字 사용은 배정漢字를 제대로 알기 위한 최선의 방법입니다.
   배정漢字 150字(15쪽~) 과정을 끝내고 난 다음에 섞음漢字 과정을 해야 합니다.

※ 배정漢字의 암기가 잘됐다고 할수 있는 기준은 15쪽~에 있는 가, 나, 다...순의 읽기가 아니고 섞음漢字의 읽기를 기준으로 삼아야 합니다.
   섞음漢字는 필요할때마다 가끔씩 해야합니다.

※ 섞음漢字를 능히 잘 읽을수 있게 되면 이 속에 들어있는 漢字들이 급수시험이나 신문, 기타 다른 책에서 나오더라도 거뜬히 읽을수 있게 될것입니다.
   그러나 어문회 급수시험은 이것으로 합격할수 있다고 할수 없으며 앞으로도 각 유형별 활용공부를 잘할수 있어야 하는데 이런것들은 연습분야와 예상문제를 통해서 충분한 실력을 쌓게 될것입니다.

#	漢字	훈·음	#	漢字	훈·음
1	教	가르칠 교	76	林	수풀 림
2	校	학교 교	77	立	설 립
3	九	아홉 구	78	每	매양 매
4	國	나라 국	79	面	낯 면
5	軍	군사 군	80	名	이름 명
6	金	쇠 금/성 김	81	命	목숨 명
7	南	남녘 남	82	問	물을 문
8	女	계집 녀	83	文	글월 문
9	年	해 년	84	物	물건 물
10	大	큰 대	85	方	모 방
11	東	동녘 동	86	百	일백 백
12	六	여섯 륙	87	夫	지아비 부
13	萬	일만 만	88	不	아닐 불(부)
14	母	어미 모	89	事	일 사
15	木	나무 목	90	算	셈 산
16	門	문 문	91	上	윗 상
17	民	백성 민	92	色	빛 색
18	白	흰 백	93	夕	저녁 석
19	父	아비 부	94	姓	성 성
20	北	북녘 북	95	世	인간 세
21	四	넉 사	96	少	적을 소
22	山	메 산	97	所	바 소
23	三	석 삼	98	手	손 수
24	生	날 생	99	數	셈 수
25	西	서녘 서	100	時	때 시
26	先	먼저 선	101	市	저자 시
27	小	작을 소	102	植	심을 식
28	水	물 수	103	食	밥/먹을 식
29	室	집 실	104	心	마음 심
30	十	열 십	105	安	편안 안
31	五	다섯 오	106	語	말씀 어
32	王	임금 왕	107	然	그럴 연
33	外	바깥 외	108	午	낮 오
34	月	달 월	109	右	오른쪽 우
35	二	두 이	110	有	있을 유
36	人	사람 인	111	育	기를 육
37	一	한 일	112	邑	고을 읍
38	日	날 일	113	入	들 입
39	長	긴 장	114	子	아들 자
40	弟	아우 제	115	字	글자 자
41	中	가운데 중	116	自	스스로 자
42	青	푸를 청	117	場	마당 장
43	寸	마디 촌	118	全	온전 전
44	七	일곱 칠	119	前	앞 전
45	土	흙 토	120	電	번개 전
46	八	여덟 팔	121	正	바를 정
47	學	배울 학	122	祖	할아비 조
48	韓	한국/나라 한	123	足	발 족
49	兄	형 형	124	左	왼쪽 좌
50	火	불 화	125	主	주인/임금 주
51	歌	노래 가	126	住	살 주
52	家	집 가	127	重	무거울 중
53	間	사이 간	128	地	땅 지
54	江	강 강	129	紙	종이 지
55	車	수레 거(차)	130	直	곧을 직
56	工	장인 공	131	千	일천 천
57	空	빌 공	132	天	하늘 천
58	口	입 구	133	川	내 천
59	旗	기 기	134	草	풀 초
60	記	기록할 기	135	村	마을 촌
61	氣	기운 기	136	秋	가을 추
62	男	사내 남	137	春	봄 춘
63	內	안 내	138	出	날 출
64	農	농사 농	139	便	편할 편/똥오줌 변
65	答	대답 답	140	平	평평할 평
66	道	길 도	141	下	아래 하
67	冬	겨울 동	142	夏	여름 하
68	動	움직일 동	143	漢	한수/한나라 한
69	同	한가지 동	144	海	바다 해
70	洞	골 동/밝을 통	145	花	꽃 화
71	登	오를 등	146	話	말씀 화
72	來	올 래	147	活	살 활
73	力	힘 력	148	孝	효도 효
74	老	늙을 로	149	後	뒤 후
75	里	마을 리	150	休	쉴 휴

7級 섞음漢字 150字 ㉮型

※ 現 상태에서 가로나 세로를 좇아서 읽기를 하여 모두 읽을수 있을때까지 반복학습을 합니다.
여기 '섞음漢字' 에 쓰인 번호와 앞부분 섞음漢字 訓音表에 쓰인 번호가 서로 같으므로 틀린 글자는 확인하여 세번씩 쓰고 암기합니다.

土 45	物 84	九 3	學 47	下 141	車 55	工 56	每 78
口 58	文 83	數 99	天 132	間 53	母 14	右 109	前 119
休 150	有 110	寸 43	時 100	話 146	場 117	生 24	木 15
夏 142	七 44	春 137	日 38	十 30	平 140	主 125	家 52
午 108	重 127	登 71	孝 148	五 31	水 28	住 126	洞 70
人 36	門 16	世 95	市 101	邑 112	國 4	江 54	草 134
所 97	不 88	少 96	命 81	安 105	旗 59	南 7	氣 61
歌 51	自 116	名 80	心 104	道 66	記 60	然 107	秋 136
父 19	祖 122	民 17	姓 94	夕 93	正 121	先 26	足 123
算 90	教 1	火 50					

每 78	工 56	車 55	下 141	學 47	九 3	物 84	土 45
前 119	右 109	母 14	間 53	天 132	數 99	文 83	口 58
木 15	生 24	場 117	話 146	時 100	寸 43	有 110	休 150
家 52	主 125	平 140	十 30	日 38	春 137	七 44	夏 142
洞 70	住 126	水 28	五 31	孝 148	登 71	重 127	午 108
草 134	江 54	國 4	邑 112	市 101	世 95	門 16	人 36
氣 61	南 7	旗 59	安 105	命 81	少 96	不 88	所 97
秋 136	然 107	記 60	道 66	心 104	名 80	自 116	歌 51
足 123	先 26	正 121	夕 93	姓 94	民 17	祖 122	父 19
						火 50	教 1	算 90

7級 섞음漢字 150字 ㉦型

※ 現 상태에서 가로나 세로를 좇아서 읽기를 하여 모두 읽을수 있을때까지 반복학습을 합니다.
여기 '섞음漢字'에 쓰인 번호와 앞부분 섞음漢字 訓·音表에 쓰인 번호가 서로 같으므로 틀린 글자는 확인하여 세번씩 쓰고 암기합니다.

老 74	海 144	山 22	同 69	問 82	立 77	語 106	林 76
育 111	兄 49	六 12	花 145	後 149	便 139	千 131	村 135
校 2	內 63	長 39	活 147	字 115	軍 5	弟 40	出 138
三 23	女 8	靑 42	大 10	西 25	入 113	植 102	面 79
空 57	來 72	漢 143	金 6	動 68	紙 129	直 130	室 29
八 46	萬 13	百 86	力 73	白 18	一 37	里 75	韓 48
中 41	答 65	夫 87	四 21	食 103	冬 67	王 32	電 120
東 11	上 91	手 98	北 20	小 27	年 9	川 133	農 64
外 33	色 92	月 34	全 118	事 89	方 85	子 114	左 124
地 128	二 35	男 62					

※ 가위로 잘라서 외우면 더욱 좋습니다.

林 76	語 106	立 77	問 82	同 69	山 22	海 144	老 74
村 135	千 131	便 139	後 149	花 145	六 12	兄 49	育 111
出 138	弟 40	軍 5	字 115	活 147	長 39	內 63	校 2
面 79	植 102	入 113	西 25	大 10	靑 42	女 8	三 23
室 29	直 130	紙 129	動 68	金 6	漢 143	來 72	空 57
韓 48	里 75	一 37	白 18	力 73	百 86	萬 13	八 46
電 120	王 32	冬 67	食 103	四 21	夫 87	答 65	中 41
農 64	川 133	年 9	小 27	北 20	手 98	上 91	東 11
左 124	子 114	方 85	事 89	全 118	月 34	色 92	外 33
					男 62	二 35	地 128

반대자, 상대자

뜻이 서로 반대되는 漢字

江 (강 강)	↔	山 (메 산)		
敎 (가르칠 교)	↔	學 (배울 학)		
南 (남녘 남)	↔	北 (북녘 북)		
男 (사내 남)	↔	女 (계집 녀)		
內 (안 내)	↔	外 (바깥 외)		
大 (큰 대)	↔	小 (작을 소)		
東 (동녘 동)	↔	西 (서녘 서)		
老 (늙을 로)	↔	少 (젊을 소)		
問 (물을 문)	↔	答 (대답 답)		
父 (아비 부)	↔	母 (어미 모)		
山 (메 산)	↔	川 (내 천)		
上 (윗 상)	↔	下 (아래 하)		
先 (먼저 선)	↔	後 (뒤 후)		

水 (물 수)	↔	火 (불 화)
手 (손 수)	↔	足 (발 족)
王 (임금 왕)	↔	民 (백성 민)
日 (날 일)	↔	月 (달 월)
前 (앞 전)	↔	後 (뒤 후)
左 (왼 좌)	↔	右 (오른 우)
天 (하늘 천)	↔	地 (따 지)
春 (봄 춘)	↔	秋 (가을 추)
出 (날 출)	↔	入 (들 입)
夏 (여름 하)	↔	冬 (겨울 동)
海 (바다 해)	↔	空 (빌 공)
兄 (형 형)	↔	弟 (아우 제)

동자이음자, 일자 다음자

2가지 이상의 音을 가진 한자

	훈 음 (訓音)	단 어 (單語)
金	쇠 금, 성 김	千金(천금), 金氏(김씨)
車	수레 거, 수레 차	人力車(인력거), 水車(수차)
洞	골 동, 밝을 통	洞里(동리), 洞察(통찰)
不	아니 불, 아니 부	不便(불편), 不正(부정)
便	편할 편, 똥오줌 변	便紙(편지), 大便(대변)

不(아닐불)과 不(아닐부)의 경우

'不'의 기본 훈(訓)과 음(音)은 '아닐불'이다. 그러나 '不'자를 시작으로 만들어진 한자어(漢字語) 중에서 '不'(아닐불)자의 다음 한자(漢字)의 첫음절이 'ㄷ'과 'ㅈ'일 경우에는 '不'(아닐부)로 쓰고 읽어야 한다.

예(例) : 不同(부동), 不答(부답), 不正(부정), 不道理(부도리), 不定(부정) 등,

두음법칙(頭音法則)

단어의 첫소리가 'ㄹ'이나 'ㄴ'으로 소리나는 단어(漢字語)가
그 독음이 'ㄹ'은 'ㄴ'과 'ㅇ'으로 'ㄴ'은 'ㅇ'으로 바뀌는 것을 말한다.

[例]   老人   力道   里長   女子
        로인   력도   리장   녀자   ✕
        노인   역도   이장   여자

1. 'ㄹ'이 'ㄴ'으로 바뀌는 경우

來 ・春來(춘래) : 來日(내일)

老 ・年老(연로) : 老人(노인)

2. 'ㄹ'이 'ㅇ'으로 바뀌는 경우

力 ・人力(인력) : 力道(역도)

里 ・洞里(동리) : 里長(이장)

林 ・農林(농림) : 林木(임목)

立 ・國立(국립) : 立國(입국)

※ 두음법칙에 맞게 다음 漢字語의 讀音을 쓰세요.

1. 秋來 [   ]   9. 大林 [   ]

2. 來年 [   ]   10. 林道 [   ]

3. 生老 [   ]   11. 王立 [   ]

4. 老母 [   ]   12. 立校 [   ]

5. 動力 [   ]

6. 力學 [   ]

7. 千里 [   ]

8. 里長 [   ]

九天直下	구천직하	하늘에서 땅을 향해 일직선으로 떨어짐.
國民年金	국민연금	일정 기간 또는 죽을 때까지 해마다 지급되는 일정액의 돈
東西南北	동서남북	동쪽·서쪽·남쪽·북쪽이라는 뜻으로, 모든 방향을 이르는 말
三三五五	삼삼오오	서너 사람 또는 대여섯 사람이 떼를 지어 다니거나 무슨 일을 함
十中八九	십중팔구	열 가운데 여덟이나 아홉 정도로 거의 대부분이거나 거의 틀림 없음
男女老少	남녀노소	남자와 여자, 나이 든 사람과 젊은 사람이란 뜻으로 모든 사람을 이르는 말
東問西答	동문서답	물음과는 전혀 상관없는 엉뚱한 대답
名山大川	명산대천	이름난 산과 큰 내
不老長生	불로장생	늙지 아니하고 오래 삶
四面春風	사면춘풍	누구에게나 좋게 대하는 일
大韓民國	대한민국	우리나라의 국호(나라이름)
父母兄弟	부모형제	아버지·어머니·형·아우라는 뜻으로, 가족을 이르는 말
生年月日	생년월일	태어난 해와 달과 날
南男北女	남남북녀	우리나라에서, 남자는 남쪽지방 사람이 잘나고 여자는 북쪽 지방 사람이 고움을 이르는 말
男中一色	남중일색	남자의 얼굴이 썩 뛰어나게 잘생김
萬里長天	만리장천	아득히 높고 먼 하늘
百萬大軍	백만대군	아주 많은 병사로 조직된 군대를 이르는 말
不立文字	불립문자	불도의 깨달음은 마음에서 마음으로 전하는 것이므로 말이나 글에 의지하지 않는다는 말
三日天下	삼일천하	정권을 잡았다가 짧은기간내에 밀려 나가게 됨
四方八方	사방팔방	여기저기 모든 방향이나 방면

四海兄弟	사해형제	온 세상 사람이 모두 형제와 같다는 뜻으로, 친밀함을 이르는 말
上下左右	상하좌우	위·아래·왼쪽·오른쪽을 이르는 말로, 모든 방향을 이름
安心立命	안심입명	하찮은 일에 흔들리지 않는 경지
二八靑春	이팔청춘	16세 무렵의 꽃다운 청춘
一問一答	일문일답	한 번 물음에 대하여 한 번 대답함
一日千里	일일천리	하루에 천리를 달림. 말이 매우 빨리 달림
一字千金	일자천금	글자 하나의 값이 천금의 가치가 있음
自問自答	자문자답	스스로 묻고 스스로 대답함
全心全力	전심전력	온 마음과 온 힘
天下一色	천하일색	세상에서 하나뿐인 미모
靑天白日	청천백일	하늘이 맑게 갠 대낮
春夏秋冬	춘하추동	봄·여름·가을·겨울의 사계절
八道江山	팔도강산	팔도의 강산이라는 뜻으로, 우리나라 전체의 강산을 이르는 말
山川草木	산천초목	산과 내와 풀과 나무, 곧 자연을 이르는 말
世上萬事	세상만사	세상에서 일어나는 온갖 일
月下老人	월하노인	부부의 인연을 맺어 준다는 전설상의 노인
人山人海	인산인해	사람이 수없이 많이 모인 상태를 이르는 말
一日三秋	일일삼추	하루가 삼 년 같다는 뜻으로, 몹시 애태우며 기다림을 이르는 말
自生植物	자생식물	산이나 들, 강이나 바다에서 저절로 나는 식물
地上天國	지상천국	이 세상에서 이룩되는 다시 없이 자유롭고 풍족하며 행복한 사회
草食動物	초식동물	풀을 주로 먹고 사는 동물
土木工事	토목공사	땅과 하천 따위를 고쳐 만드는 공사

7급 '섞음漢字'
훈·음표

일차적으로 가, 나, 다 順의 '배정漢字'를 잘 읽을 수 있게 공부한 후 이차적으로 이들 글자들이 모두 섞인 상태에서 잘 읽을 수 있게 되어야 "암기가 제대로 되었다"라고 할 수 있을것입니다. 다음쪽의 '섞음漢字'를 읽을때 모르는 글자는 이곳 훈·음표 번호를 확인해서 외우세요.

教 가르칠 교 1	門 문 문 16	五 다섯 오 31	八 여덟 팔 46	氣 기운 기 61	林 수풀 림 76	上 윗 상 91	語 말씀 어 106	正 바를 정 121	秋 가을 추 136
校 학교 교 2	民 백성 민 17	王 임금 왕 32	學 배울 학 47	男 사내 남 62	立 설 립 77	色 빛 색 92	然 그럴 연 107	祖 할아비 조 122	春 봄 춘 137
九 아홉 구 3	白 흰 백 18	外 바깥 외 33	韓 한국/나라 한 48	內 안 내 63	每 매양 매 78	夕 저녁 석 93	午 낮 오 108	足 발 족 123	出 날 출 138
國 나라 국 4	父 아비 부 19	月 달 월 34	兄 형 형 49	農 농사 농 64	面 낯 면 79	姓 성 성 94	右 오른쪽 우 109	左 왼쪽 좌 124	便 편할 편 똥오줌 변 139
軍 군사 군 5	北 북녘 북 20	二 두 이 35	火 불 화 50	答 대답 답 65	名 이름 명 80	世 인간 세 95	有 있을 유 110	主 주인/임금 주 125	平 평평할 평 140
金 쇠 금 성 김 6	四 넉 사 21	人 사람 인 36	歌 노래 가 51	道 길 도 66	命 목숨 명 81	少 적을 소 96	育 기를 육 111	住 살 주 126	下 아래 하 141
南 남녘 남 7	山 메 산 22	一 한 일 37	家 집 가 52	冬 겨울 동 67	問 물을 문 82	所 바 소 97	邑 고을 읍 112	重 무거울 중 127	夏 여름 하 142
女 계집 녀 8	三 석 삼 23	日 날 일 38	間 사이 간 53	動 움직일 동 68	文 글월 문 83	手 손 수 98	入 들 입 113	地 땅 지 128	漢 한수/한나라 한 143
年 해 년 9	生 날 생 24	長 긴 장 39	江 강 강 54	同 한가지 동 69	物 물건 물 84	數 셈 수 99	子 아들 자 114	紙 종이 지 129	海 바다 해 144
大 큰 대 10	西 서녘 서 25	弟 아우 제 40	車 수레 거(차) 55	洞 골 동 밝을 통 70	方 모 방 85	時 때 시 100	字 글자 자 115	直 곧을 직 130	花 꽃 화 145
東 동녘 동 11	先 먼저 선 26	中 가운데 중 41	工 장인 공 56	登 오를 등 71	百 일백 백 86	市 저자 시 101	自 스스로 자 116	千 일천 천 131	話 말씀 화 146
六 여섯 륙 12	小 작을 소 27	靑 푸를 청 42	空 빌 공 57	來 올 래 72	夫 지아비 부 87	植 심을 식 102	場 마당 장 117	天 하늘 천 132	活 살 활 147
萬 일만 만 13	水 물 수 28	寸 마디 촌 43	口 입 구 58	力 힘 력 73	不 아닐 불(부) 88	食 밥/먹을 식 103	全 온전 전 118	川 내 천 133	孝 효도 효 148
母 어미 모 14	室 집 실 29	七 일곱 칠 44	旗 기 기 59	老 늙을 로 74	事 일 사 89	心 마음 심 104	前 앞 전 119	草 풀 초 134	後 뒤 후 149
木 나무 목 15	十 열 십 30	土 흙 토 45	記 기록할 기 60	里 마을 리 75	算 셈 산 90	安 편안 안 105	電 번개 전 120	村 마을 촌 135	休 쉴 휴 150

7級 섞음漢字 150字 (나)型

◇ 앞면과 뒷면의 글자가 다르므로 양면 모두 하세요.
◇ '섞음漢字' (가)형을 완전하게 완수한후에 하세요.

◇ '섞음漢字' 모두를 잘 익혔다면 예상문제를 풀때 독음·훈을 쓰기문제중 3문제 이상 틀리지 않도록
충분히 가능합니다. 그렇게 되면 다른 유형별 문제와 쓰기문제도 쉽게 해결됩니다.

足 123	夏 142	農 64	口 58	記 60	校 2	外 33	名 80
國 4	夫 87	話 146	月 34	十 30	長 39	手 98	方 85
千 131	年 9	登 71	左 124	五 31	場 117	時 100	直 130
所 97	心 104	軍 5	市 101	漢 143	動 68	父 19	邑 112
來 72	前 119	六 12	日 38	安 105	物 84	一 37	門 16
中 41	間 82	數 99	水 28	電 120	紙 129	命 81	面 79
下 141	母 14	西 25	便 139	江 54	兄 49	車 55	間 53
火 50	林 76	民 17	生 24	韓 48	然 107	木 15	同 69
百 86	秋 136	平 140	地 128	道 66	祖 122	字 115	事 89
算 90	主 125	全 118					

7級 섞음漢字 150字 ㉯型

◇ 앞면과 뒷면의 글자가 다르므로 양면 모두 하세요.
◇ '섞음漢字' ㉮형을 완전하게 완수한후에 하세요.

◇ '섞음漢字' 모두를 잘 익혔다면 예상문제를 풀때 독음·훈을 쓰기문제중 3문제 이상 틀리지 않도록 충분히 가능합니다. 그렇게 되면 다른 유형별 문제와 쓰기문제도 쉽게 해결됩니다.

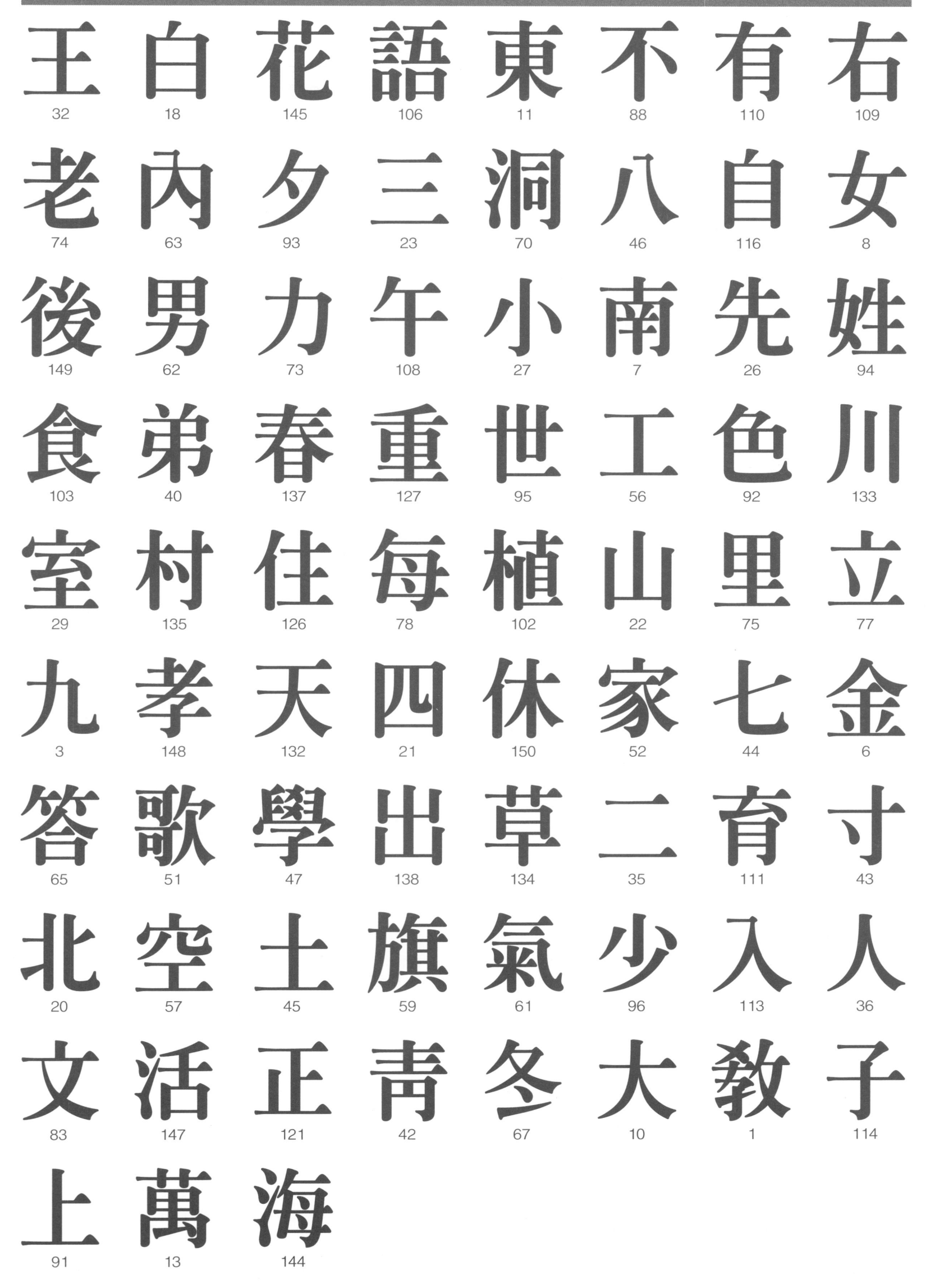

王 32	白 18	花 145	語 106	東 11	不 88	有 110	右 109
老 74	內 63	夕 93	三 23	洞 70	八 46	自 116	女 8
後 149	男 62	力 73	午 108	小 27	南 7	先 26	姓 94
食 103	弟 40	春 137	重 127	世 95	工 56	色 92	川 133
室 29	村 135	住 126	每 78	植 102	山 22	里 75	立 77
九 3	孝 148	天 132	四 21	休 150	家 52	七 44	金 6
答 65	歌 51	學 47	出 138	草 134	二 35	育 111	寸 43
北 20	空 57	土 45	旗 59	氣 61	少 96	入 113	人 36
文 83	活 147	正 121	靑 42	冬 67	大 10	敎 1	子 114
上 91	萬 13	海 144					

※ 다음 漢字語(한자어)의 讀音(독음)을 쓰세요.　　　※ 두 줄을 먼저 써보고 미흡할때는 '섞음漢字'를 다시 복습하고 푸세요.

1. 入室 [　　]
2. 同數 [　　]
3. 地名 [　　]
4. 大道 [　　]
5. 植木 [　　]
6. 人口 [　　]
7. 小邑 [　　]
8. 入口 [　　]
9. 農地 [　　]
10. 春色 [　　]
11. 動力 [　　]
12. 每年 [　　]
13. 市場 [　　]
14. 自動 [　　]
15. 食事 [　　]
16. 小心 [　　]
17. 內面 [　　]
18. 農民 [　　]
19. 男女 [　　]
20. 國民 [　　]
21. 十年 [　　]
22. 來年 [　　]
23. 農土 [　　]
24. 每日 [　　]
25. 不足 [　　]

26. 南海 [　　]
27. 立冬 [　　]
28. 木花 [　　]
29. 市立 [　　]
30. 空氣 [　　]
31. 南方 [　　]
32. 先山 [　　]
33. 正直 [　　]
34. 紙面 [　　]
35. 登場 [　　]
36. 外食 [　　]
37. 農夫 [　　]
38. 入學 [　　]
39. 江南 [　　]
40. 父王 [　　]
41. 水道 [　　]
42. 上午 [　　]
43. 自足 [　　]
44. 人便 [　　]
45. 母國 [　　]
46. 文敎 [　　]
47. 洞長 [　　]
48. 主食 [　　]
49. 電車 [　　]
50. 邑內 [　　]

51. 老人 [　　]
52. 軍旗 [　　]
53. 家道 [　　]
54. 室內 [　　]
55. 記事 [　　]
56. 主人 [　　]
57. 敎育 [　　]
58. 道立 [　　]
59. 答紙 [　　]
60. 市民 [　　]
61. 自然 [　　]
62. 場所 [　　]
63. 靑旗 [　　]
64. 二十 [　　]
65. 軍事 [　　]
66. 住所 [　　]
67. 先祖 [　　]
68. 中立 [　　]
69. 電話 [　　]
70. 國軍 [　　]
71. 名門 [　　]
72. 姓名 [　　]
73. 數學 [　　]
74. 天然 [　　]
75. 安住 [　　]

1. 大同 [   ]
2. 邑面 [   ]
3. 時間 [   ]
4. 農心 [   ]
5. 東西 [   ]
6. 西海 [   ]
7. 車道 [   ]
8. 植物 [   ]
9. 一萬 [   ]
10. 立春 [   ]
11. 萬事 [   ]
12. 外出 [   ]
13. 同生 [   ]
14. 長江 [   ]
15. 文學 [   ]
16. 四寸 [   ]
17. 不平 [   ]
18. 先人 [   ]
19. 國王 [   ]
20. 靑山 [   ]
21. 十里 [   ]
22. 東海 [   ]
23. 全面 [   ]
24. 中間 [   ]
25. 三韓 [   ]

26. 生活 [   ]
27. 三寸 [   ]
28. 午前 [   ]
29. 內室 [   ]
30. 邑村 [   ]
31. 敎室 [   ]
32. 大韓 [   ]
33. 生命 [   ]
34. 每月 [   ]
35. 十月 [   ]
36. 農事 [   ]
37. 主動 [   ]
38. 男便 [   ]
39. 內外 [   ]
40. 大王 [   ]
41. 村民 [   ]
42. 四方 [   ]
43. 事物 [   ]
44. 家門 [   ]
45. 車主 [   ]
46. 文物 [   ]
47. 千年 [   ]
48. 手記 [   ]
49. 王子 [   ]
50. 自立 [   ]

51. 大學 [   ]
52. 天命 [   ]
53. 面長 [   ]
54. 日記 [   ]
55. 南門 [   ]
56. 男子 [   ]
57. 先生 [   ]
58. 重力 [   ]
59. 名物 [   ]
60. 算出 [   ]
61. 白紙 [   ]
62. 南山 [   ]
63. 重大 [   ]
64. 天地 [   ]
65. 電動 [   ]
66. 長男 [   ]
67. 每時 [   ]
68. 不便 [   ]
69. 中食 [   ]
70. 月出 [   ]
71. 來世 [   ]
72. 軍人 [   ]
73. 靑色 [   ]
74. 中心 [   ]
75. 同姓 [   ]

※ 다음 漢字語(한자어)의 讀音(독음)을 쓰세요.

1. 外來 [　　　]
2. 自主 [　　　]
3. 來日 [　　　]
4. 洞口 [　　　]
5. 國歌 [　　　]
6. 電氣 [　　　]
7. 草家 [　　　]
8. 三百 [　　　]
9. 日月 [　　　]
10. 十日 [　　　]
11. 千萬 [　　　]
12. 全軍 [　　　]
13. 人氣 [　　　]
14. 生育 [　　　]
15. 食口 [　　　]
16. 老少 [　　　]
17. 世上 [　　　]
18. 校旗 [　　　]
19. 自問 [　　　]
20. 校歌 [　　　]
21. 外家 [　　　]
22. 秋夕 [　　　]
23. 手足 [　　　]
24. 女王 [　　　]
25. 正道 [　　　]

26. 電力 [　　　]
27. 國旗 [　　　]
28. 農林 [　　　]
29. 農村 [　　　]
30. 算數 [　　　]
31. 直前 [　　　]
32. 六月 [　　　]
33. 父兄 [　　　]
34. 前方 [　　　]
35. 洞里 [　　　]
36. 市長 [　　　]
37. 老母 [　　　]
38. 江村 [　　　]
39. 長子 [　　　]
40. 五日 [　　　]
41. 不孝 [　　　]
42. 住民 [　　　]
43. 所重 [　　　]
44. 地方 [　　　]
45. 午後 [　　　]
46. 北海 [　　　]
47. 名答 [　　　]
48. 育林 [　　　]
49. 南北 [　　　]
50. 軍歌 [　　　]

51. 父母 [　　　]
52. 全力 [　　　]
53. 食前 [　　　]
54. 場面 [　　　]
55. 百姓 [　　　]
56. 國家 [　　　]
57. 氣力 [　　　]
58. 王立 [　　　]
59. 不正 [　　　]
60. 冬川 [　　　]
61. 夕食 [　　　]
62. 母子 [　　　]
63. 萬物 [　　　]
64. 問答 [　　　]
65. 手話 [　　　]
66. 動物 [　　　]
67. 祖上 [　　　]
68. 空中 [　　　]
69. 色紙 [　　　]
70. 入場 [　　　]
71. 王道 [　　　]
72. 村夫 [　　　]
73. 數千 [　　　]
74. 白旗 [　　　]
75. 工事 [　　　]

1. 大門 [   ]
2. 天氣 [   ]
3. 萬里 [   ]
4. 電工 [   ]
5. 人力 [   ]
6. 便所 [   ]
7. 空間 [   ]
8. 歌手 [   ]
9. 江山 [   ]
10. 有名 [   ]
11. 王家 [   ]
12. 主上 [   ]
13. 百方 [   ]
14. 道人 [   ]
15. 敎生 [   ]
16. 登校 [   ]
17. 六寸 [   ]
18. 老年 [   ]
19. 水草 [   ]
20. 安全 [   ]
21. 數日 [   ]
22. 少女 [   ]
23. 工場 [   ]
24. 左右 [   ]
25. 草木 [   ]

26. 春川 [   ]
27. 生花 [   ]
28. 海水 [   ]
29. 出生 [   ]
30. 平生 [   ]
31. 出入 [   ]
32. 土地 [   ]
33. 便安 [   ]
34. 孝女 [   ]
35. 孝道 [   ]
36. 兄弟 [   ]
37. 學校 [   ]
38. 休學 [   ]
39. 下山 [   ]
40. 活力 [   ]
41. 便紙 [   ]
42. 火車 [   ]
43. 漢江 [   ]
44. 七千 [   ]
45. 海里 [   ]
46. 春秋 [   ]
47. 七月 [   ]
48. 平安 [   ]
49. 休校 [   ]
50. 下車 [   ]

51. 八村 [   ]
52. 出家 [   ]
53. 七夕 [   ]
54. 休日 [   ]
55. 海外 [   ]
56. 花草 [   ]
57. 孝心 [   ]
58. 後世 [   ]
59. 孝子 [   ]
60. 下校 [   ]
61. 韓國 [   ]
62. 活氣 [   ]

1. 事 [   ]　　26. 金 [   ]　　51. 北 [   ]

2. 字 [   ]　　27. 國 [   ]　　52. 兄 [   ]

3. 自 [   ]　　28. 軍 [   ]　　53. 外 [   ]

4. 歌 [   ]　　29. 內 [   ]　　54. 洞 [   ]

5. 植 [   ]　　30. 母 [   ]　　55. 紙 [   ]

6. 上 [   ]　　31. 安 [   ]　　56. 孝 [   ]

7. 算 [   ]　　32. 地 [   ]　　57. 夏 [   ]

8. 韓 [   ]　　33. 十 [   ]　　58. 活 [   ]

9. 萬 [   ]　　34. 年 [   ]　　59. 大 [   ]

10. 方 [   ]　　35. 間 [   ]　　60. 江 [   ]

11. 海 [   ]　　36. 木 [   ]　　61. 立 [   ]

12. 小 [   ]　　37. 百 [   ]　　62. 西 [   ]

13. 八 [   ]　　38. 女 [   ]　　63. 先 [   ]

14. 六 [   ]　　39. 三 [   ]　　64. 空 [   ]

15. 漢 [   ]　　40. 男 [   ]　　65. 四 [   ]

16. 水 [   ]　　41. 南 [   ]　　66. 中 [   ]

17. 校 [   ]　　42. 農 [   ]　　67. 冬 [   ]

18. 長 [   ]　　43. 答 [   ]　　68. 工 [   ]

19. 話 [   ]　　44. 道 [   ]　　69. 夕 [   ]

20. 火 [   ]　　45. 口 [   ]　　70. 氣 [   ]

21. 敎 [   ]　　46. 門 [   ]　　71. 東 [   ]

22. 學 [   ]　　47. 室 [   ]　　72. 記 [   ]

23. 土 [   ]　　48. 民 [   ]　　73. 王 [   ]

24. 月 [   ]　　49. 物 [   ]　　74. 姓 [   ]

25. 平 [   ]　　50. 車 [   ]　　75. 不 [   ]

※ 다음 漢字(한자)의 訓(훈:뜻)과 音(음:소리)을 쓰세요.

1. 時 [   ]   26. 電 [   ]   51. 文 [   ]
2. 日 [   ]   27. 面 [   ]   52. 後 [   ]
3. 靑 [   ]   28. 寸 [   ]   53. 同 [   ]
4. 花 [   ]   29. 春 [   ]   54. 場 [   ]
5. 便 [   ]   30. 旗 [   ]   55. 所 [   ]
6. 天 [   ]   31. 人 [   ]   56. 白 [   ]
7. 命 [   ]   32. 七 [   ]   57. 入 [   ]
8. 秋 [   ]   33. 弟 [   ]   58. 生 [   ]
9. 一 [   ]   34. 市 [   ]   59. 力 [   ]
10. 九 [   ]   35. 夫 [   ]   60. 下 [   ]
11. 二 [   ]   36. 山 [   ]   61. 川 [   ]
12. 家 [   ]   37. 色 [   ]   62. 子 [   ]
13. 前 [   ]   38. 來 [   ]   63. 育 [   ]
14. 主 [   ]   39. 林 [   ]   64. 邑 [   ]
15. 手 [   ]   40. 休 [   ]   65. 直 [   ]
16. 少 [   ]   41. 五 [   ]   66. 語 [   ]
17. 數 [   ]   42. 動 [   ]   67. 村 [   ]
18. 足 [   ]   43. 右 [   ]   68. 老 [   ]
19. 左 [   ]   44. 里 [   ]   69. 然 [   ]
20. 住 [   ]   45. 食 [   ]   70. 心 [   ]
21. 全 [   ]   46. 有 [   ]   71. 名 [   ]
22. 祖 [   ]   47. 午 [   ]   72. 父 [   ]
23. 正 [   ]   48. 問 [   ]   73. 草 [   ]
24. 出 [   ]   49. 千 [   ]   74. 登 [   ]
25. 重 [   ]   50. 每 [   ]   75. 世 [   ]

독음쓰기 정답

39쪽 독음쓰기

1. 입실 2. 동수 3. 지명 4. 대도 5. 식목 6. 인구 7. 소읍 8. 입구 9. 농지 10. 춘색 11. 동력 12. 매년 13. 시장 14. 자동 15. 식사 16. 소심 17. 내면 18. 농민 19. 남녀 20. 국민 21. 십년 22. 내년 23. 농토 24. 매일 25. 부족 26. 남해 27. 입동 28. 목화 29. 시립 30. 공기 31. 남방 32. 선산 33. 정직 34. 지면 35. 등장 36. 외식 37. 농부 38. 입학 39. 강남 40. 부왕 41. 수도 42. 상오 43. 자족 44. 인편 45. 모국 46. 문교 47. 동장 48. 주식 49. 전차 50. 읍내 51. 노인 52. 군기 53. 가도 54. 실내 55. 기사 56. 주인 57. 교육 58. 도립 59. 답지 60. 시민 61. 자연 62. 장소 63. 청기 64. 이십 65. 군사 66. 주소 67. 선조 68. 중립 69. 전화 70. 국군 71. 명문 72. 성명 73. 수학 74. 천연 75. 안주

40쪽 독음쓰기

1. 대동 2. 읍면 3. 시간 4. 농심 5. 동서 6. 서해 7. 차도 8. 식물 9. 일만 10. 입춘 11. 만사 12. 외출 13. 동생 14. 장강 15. 문학 16. 사촌 17. 불평 18. 선인 19. 국왕 20. 청산 21. 십리 22. 동해 23. 전면 24. 중간 25. 삼한 26. 생활 27. 삼촌 28. 오전 29. 내실 30. 읍촌 31. 교실 32. 대한 33. 생명 34. 매월 35. 시월 36. 농사 37. 주동 38. 남편 39. 내외 40. 대왕 41. 촌민 42. 사방 43. 사물 44. 가문 45. 차주 46. 문물 47. 천년 48. 수기 49. 왕자 50. 자립 51. 대학 52. 천명 53. 면장 54. 일기 55. 남문 56. 남자 57. 선생 58. 중력 59. 명물 60. 산출 61. 백지 62. 남산 63. 중대 64. 천지 65. 전동 66. 장남 67. 매시 68. 불편 69. 중식 70. 월출 71. 내세 72. 군인 73. 청색 74. 중심 75. 동성

41쪽 독음쓰기

1. 외래 2. 자주 3. 내일 4. 동구 5. 국가 6. 전기 7. 초가 8. 삼백 9. 일월 10. 십일 11. 천만 12. 전국 13. 인기 14. 생육 15. 식구 16. 노소 17. 세상 18. 교기 19. 자문 20. 교가 21. 외가 22. 추석 23. 수족 24. 여왕 25. 정도 26. 전력 27. 국기 28. 농림 29. 농촌 30. 산수 31. 직전 32. 유월 33. 부형 34. 전방 35. 동리 36. 시장 37. 노모 38. 강촌 39. 장자 40. 오일 41. 불효 42. 주민 43. 소중 44. 지방 45. 오후 46. 북해 47. 명답 48. 육림 49. 남북 50. 군가 51. 부모 52. 전력 53. 식전 54. 장면 55. 백성 56. 국가 57. 기력 58. 왕립 59. 부정 60. 동천 61. 석식 62. 모자 63. 만물 64. 문답 65. 수화 66. 동물 67. 조상 68. 공중 69. 색지 70. 입장 71. 왕도 72. 촌부 73. 수천 74. 백기 75. 공사

42쪽 독음쓰기

1. 대문 2. 천기 3. 만리 4. 전공 5. 인력 6. 변소 7. 공간 8. 가수 9. 강산 10. 유명 11. 왕가 12. 주상 13. 백방 14. 도인 15. 교생 16. 등교 17. 육촌 18. 노년 19. 수초 20. 안전 21. 수일 22. 소녀 23. 공장 24. 좌우 25. 초목 26. 춘천 27. 생화 28. 해수 29. 출생 30. 평생 31. 출입 32. 토지 33. 편안 34. 효녀 35. 효도 36. 형제 37. 학교 38. 휴학 39. 하산 40. 활력 41. 편지 42. 화차 43. 한강 44. 칠천 45. 해리 46. 춘추 47. 칠월 48. 평안 49. 휴교 50. 하차 51. 팔촌 52. 출가 53. 칠석 54. 휴일 55. 해외 56. 화초 57. 효심 58. 후세 59. 효자 60. 하교 61. 한국 62. 활기

훈·음쓰기 정답

43쪽 훈·음쓰기

1. 일사 2. 글자자 3. 스스로자 4. 노래가 5. 심을식 6. 윗상 7. 셈할산 8. 한국한 9. 일만만 10. 모방 11. 바다해 12. 작을소 13. 여덟팔 14. 여섯륙 15. 한나라한 16. 물수 17. 학교교 18. 긴장 19. 말씀화 20. 불화 21. 가르칠교 22. 배울학 23. 흙토 24. 달월 25. 평평할평 26. 쇠금 27. 나라국 28. 군사군 29. 안내 30. 어미모 31. 편안안 32. 따지 33. 열십 34. 해년 35. 사이간 36. 나무목 37. 일백백 38. 계집녀 39. 석삼 40. 사내남 41. 남녘남 42. 농사농 43. 대답답 44. 길도 45. 입구 46. 문문 47. 집실 48. 백성민 49. 물건물 50. 수레거 51. 북녘북 52. 형형 53. 바깥외 54. 골동 55. 종이지 56. 효도효 57. 여름하 58. 살활 59. 큰대 60. 강강 61. 설립 62. 서녘서 63. 먼저선 64. 빌공 65. 넉사 66. 가운데중 67. 겨울동 68. 장인공 69. 저녁석 70. 기운기 71. 동녘동 72. 기록할기 73. 임금왕 74. 성성 75. 아닐불

44쪽 훈·음쓰기

1. 때시 2. 날일 3. 푸를청 4. 꽃화 5. 편할편 6. 하늘천 7. 목숨명 8. 가을추 9. 한일 10. 아홉구 11. 두이 12. 집가 13. 앞전 14. 주인주 15. 손수 16. 적을소 17. 셈할수 18. 발족 19. 왼좌 20. 살주 21. 온전전 22. 할아비조 23. 바를정 24. 날출 25. 무거울중 26. 번개전 27. 낯면 28. 마디촌 29. 봄춘 30. 기기 31. 사람인 32. 일곱칠 33. 아우제 34. 저자시 35. 지아비부 36. 메산 37. 빛색 38. 올래 39. 수풀림 40. 쉴휴 41. 다섯오 42. 움직일동 43. 오른우 44. 마을리 45. 밥식 46. 있을유 47. 낮오 48. 물을문 49. 일천천 50. 매양매 51. 글월문 52. 뒤후 53. 한가지동 54. 마당장 55. 바소 56. 흰백 57. 들입 58. 날생 59. 힘력 60. 아래하 61. 내천 62. 아들자 63. 기를육 64. 고을읍 65. 곧을직 66. 말씀어 67. 마을촌 68. 늙을로 69. 그럴연 70. 마음심 71. 이름명 72. 아비부 73. 풀초 74. 오를등 75. 인간세

한자능력 검정시험
7급 예상문제(1~10회)

지금까지 여러분은
기본학습과정을 거쳐
각 유형별 문제익히기를
성심껏 공부해 왔으므로
이제는 예상문제를 풀 차례입니다.
시험에서 틀리는 문제는
3회이상 써보고 암기한후에
다음회를 풀기 바랍니다.
정답은 **97쪽**에 있음.

제1회 한자능력검정시험 7급 예상문제

합격점수 : 49점
제한시간 : 50분

1. [문제1~32] 다음 漢字語(한자어)의 讀音(독음)을 쓰세요.

> < 보 기 >
> 漢字 → 한자

1. 花草
2. 白紙
3. 事物
4. 來日
5. 時間
6. 大韓
7. 平生
8. 草家
9. 電工
10. 入學
11. 市立
12. 手話
13. 主食
14. 左右
15. 水草
16. 靑旗
17. 軍人
18. 登校
19. 所重
20. 生命
21. 天命
22. 正直
23. 有名
24. 每月
25. 先生
26. 敎育
27. 國歌
28. 地名
29. 電力
30. 水道
31. 活氣
32. 百姓

2. [문제33~52] 다음 漢字(한자)의 訓(훈:뜻)과 音(음:소리)을 쓰세요.

> < 보 기 >
> 字 → 글자 자

33. 漢
34. 敎
35. 百
36. 民
37. 中
38. 祖
39. 江
40. 川
41. 男
42. 夫
43. 不
44. 前
45. 八
46. 名
47. 林
48. 家
49. 數
50. 主
51. 間
52. 門

3. [문제53~54] 다음 漢字(한자)의 상대 또는 반대 漢字(한자)를 <보기>에서 골라 그 번호를 쓰세요.

> < 보 기 >
> ① 後 ② 月 ③ 下 ④ 東

53. 日 ↔ [   ]
54. 前 ↔ [   ]

4. [문제55~64] 다음 訓(훈:뜻)과 音(음:소리)에 맞는 漢字(한자)를 <보기>에서 골라 그 번호를 쓰세요.

> < 보 기 >
> ① 然 ② 林 ③ 家 ④ 後 ⑤ 間
> ⑥ 夫 ⑦ 面 ⑧ 事 ⑨ 電 ⑩ 主

55. 주인 주
56. 낯 면
57. 번개 전
58. 일 사
59. 지아비 부
60. 사이 간
61. 수풀 림
62. 집 가
63. 그럴 연
64. 뒤 후

5. [문제65~66] 다음 漢字語(한자어)의 뜻을 쓰세요.

65. 同姓

66. 海外

6. [문제67~68] 다음 문장에서 밑줄 친 단어의 漢字語(한자어)를 〈보기〉에서 골라 그 번호를 쓰세요.

< 보 기 >
① 萬事 ② 大軍 ③ 年金 ④ 市場

67. 국민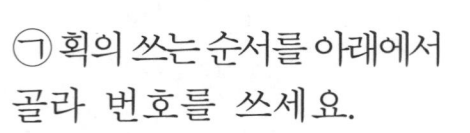연금

68. 백만대군

7. [문제69~70] 다음 물음에 답하세요.

69.  ㉠획의 쓰는 순서를 아래에서 골라 번호를 쓰세요.

① 세 번째   ② 다섯 번째
③ 네 번째   ④ 여섯 번째

70. 北㉠ ㉠획의 쓰는 순서를 아래에서 골라 번호를 쓰세요.

① 세 번째   ② 네 번째
③ 다섯 번째   ④ 여섯 번째

합격점수 : 49점
제한시간 : 50분

1. [문제1~32] 다음 漢字語(한자어)의 讀音(독음)을 쓰세요.

> < 보 기 >
> 漢字 → 한자

1. 農夫
2. 便紙
3. 千萬
4. 國王
5. 中立
6. 火車
7. 農村
8. 育林
9. 食事
10. 場所
11. 靑山
12. 食前
13. 主上
14. 東西
15. 天然
16. 全面
17. 休學
18. 便安
19. 道人
20. 家門
21. 重大
22. 少女
23. 大學
24. 長男
25. 王家
26. 不孝
27. 人便
28. 內室
29. 大道
30. 江南
31. 外食
32. 人力

2. [문제33~52] 다음 漢字(한자)의 訓(훈:뜻)과 音(음:소리)을 쓰세요.

> < 보 기 >
> 字 → 글자 자

33. 出
34. 登
35. 海
36. 後
37. 春
38. 算
39. 六
40. 北
41. 少
42. 邑
43. 直
44. 記
45. 文
46. 電
47. 大
48. 口
49. 有
50. 靑
51. 水
52. 面

3. [문제53~54] 다음 漢字(한자)의 상대 또는 반대 漢字(한자)를 〈보기〉에서 골라 그 번호를 쓰세요.

> < 보 기 >
> ① 春   ② 冬   ③ 夫   ④ 男

53. [   ] ↔ 女   54. [   ] ↔ 秋

4. [문제55~64] 다음 訓(훈:뜻)과 音(음:소리)에 맞는 漢字(한자)를 〈보기〉에서 골라 그 번호를 쓰세요.

> < 보 기 >
> ① 名 ② 登 ③ 正 ④ 算 ⑤ 草
> ⑥ 祖 ⑦ 所 ⑧ 花 ⑨ 市 ⑩ 數

55. 풀 초
56. 할아비 조
57. 저자 시
58. 꽃 화
59. 셈 수
60. 바 소
61. 오를 등
62. 바를 정
63. 셈 산
64. 이름 명

5. [문제65~66] 다음 漢字語(한자어)의 뜻을 쓰세요.

65. 車道

66. 自動

6. [문제67~68] 다음 문장에서 밑줄 친 단어의 漢字語(한자어)를 〈보기〉에서 골라 그 번호를 쓰세요.

```
< 보 기 >
① 空中   ② 空氣   ③ 氣力   ④ 記事
```

67. 산에 오르면 공기가 상쾌하다.

68. 신문에 실린 전쟁 기사가 끔찍하다.

7. [문제69~70] 다음 漢字(한자)의 ㉠획은 몇 번째 쓰는지 〈보기〉에서 찾아 그 번호를 쓰세요. (화살표는 ㉠획의 위치와 더불어 획을 쓰는 방향을 나타냅니다.)

```
< 보 기 >
① 첫 번째      ② 두 번째
③ 세 번째      ④ 네 번째
⑤ 다섯 번째    ⑥ 여섯 번째
⑦ 일곱 번째
```

69.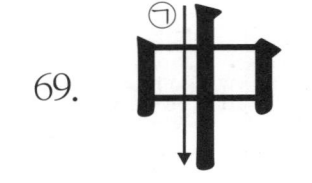

70.

1. [문제1~32] 다음 漢字語(한자어)의 讀音(독음)을 쓰세요.

> < 보 기 >
> 漢字 → 한자

1. 主動
2. 來年
3. 面長
4. 海水
5. 同姓
6. 中食
7. 文學
8. 母子
9. 氣力
10. 百方
11. 父兄
12. 色紙
13. 出生
14. 下車
15. 月出
16. 祖上
17. 南方
18. 休校
19. 孝心
20. 文物
21. 校歌
22. 大同
23. 登場
24. 自立
25. 軍歌
26. 農民
27. 重力
28. 自主
29. 市場
30. 數學
31. 春色
32. 國民

2. [문제33~52] 다음 漢字(한자)의 訓(훈:뜻)과 音(음:소리)을 쓰세요.

> < 보 기 >
> 字 → 글자 자

33. 歌
34. 午
35. 金
36. 小

37. 紙
38. 便
39. 時
40. 花
41. 月
42. 夏
43. 王
44. 場
45. 東
46. 每
47. 安
48. 答
49. 道
50. 全
51. 方
52. 秋

3. [문제53~54] 다음 漢字(한자)의 상대 또는 반대 漢字(한자)를 <보기>에서 골라 그 번호를 쓰세요.

> < 보 기 >
> ① 月　② 答　③ 下　④ 小

53. 上 ↔ [   ]　54. 問 ↔ [   ]

4. [문제55~64] 다음 訓(훈:뜻)과 音(음:소리)에 맞는 漢字(한자)를 <보기>에서 골라 그 번호를 쓰세요.

> < 보 기 >
> ① 記　② 物　③ 方　④ 學　⑤ 問
> ⑥ 前　⑦ 字　⑧ 漢　⑨ 育　⑩ 重

55. 물을 문
56. 기록할 기
57. 기를 육
58. 무거울 중
59. 한나라 한
60. 글자 자
61. 물건 물
62. 배울 학
63. 모 방
64. 앞 전

5. [문제65~66] 다음 漢字語(한자어)의
   뜻을 쓰세요.

   65. 農民

   66. 來年

6. [문제67~68] 다음 문장에서 밑줄 친
   단어의 漢字語(한자어)를 <보기>에서 골라
   그 번호를 쓰세요.

   +-----------------------------------+
   | < 보 기 > |
   | ① 萬事 ② 萬人 ③ 動物 ④ 植物 |
   +-----------------------------------+

   67. 초식 동물

   68. 세상 만사

7. [문제69~70] 다음 물음에 답하세요.

69.  ㉠ 획의 쓰는 순서를 아래에서
   골라 번호를 쓰세요.

   ① 여섯 번째   ② 다섯 번째

   ③ 네 번째   ④ 세 번째

70.  ㉠ 획의 쓰는 순서를 아래에서
   골라 번호를 쓰세요.

   ① 열 번째   ② 열한 번째

   ③ 열두 번째   ④ 열세 번째

1. [문제1~32] 다음 漢字語(한자어)의 讀音(독음)을 쓰세요.

> < 보 기 >
> 漢字 → 한자

1. 농부가 農土에 씨앗을 뿌립니다.
2. 얼마전까지도 서울시내에 電車가 다녔습니다.
3. 아내의 짝은 男便입니다.
4. 갯벌을 막아 農地로 만들었습니다.
5. 그녀는 노래를 잘불러 人氣가수가 됐습니다.
6. 농부의 근면한 마음씨가 農心입니다.
7. 옛성터에 南門과 북문이 있습니다.
8. 남산타워는 서울의 名物입니다.
9. 공부를 열심히하지만 休日에는 꼭 쉽니다.
10. 우리집 식구중에 내 同生이 키가 제일 큽니다.
11. 가을의 높은 하늘이 靑色입니다.
12. 사람의 권리는 男女 모두 평등합니다.
13. 문제를 풀때에 答紙를 보면 안됩니다.
14. 화장실과 便所는 같은 말입니다.
15. 여자가 시집가면 出家했다고 말합니다.
16. 나무는 植木日 외에도 자꾸 심습니다.
17. 나라에서 정한 곳은 국립, 도에서 정한 곳은 道立입니다.
18. 겨울이 다가오는 절기를 立冬이라고 합니다.
19. 국군의 날 全軍에 비상령이 내렸습니다.
20. 마을입구를 洞口라고 합니다.
21. 漢江은 서울의 중심을 흐르는 강입니다.
22. 장마철을 대비해 토목工事가 한창입니다.
23. 신문에 실을 記事를 쓰기에 바쁩니다.
24. 봄은 萬物이 소생하는 계절입니다.
25. 영화를 보려고 극장으로 入場했습니다.
26. 비가 많이 와서 우리는 교실로 入室했습니다.
27. 꽁꽁 얼어붙은 冬川 위에서 썰매를 탔습니다.
28. 어려울때는 인내가 名答입니다.
29. 소년체육대회는 每年 열립니다.
30. 남녀가 각각 10명씩 同數입니다.
31. 겉으로는 친절하지만 內面은 차겹습니다.
32. 韓國, 대한민국, 코리아 모두 우리나라입니다.

2. [문제33~52] 다음 漢字(한자)의 訓(훈:뜻)과 音(음:소리)을 쓰세요.

> < 보 기 >
> 字 → 글자 자

33. 活
34. 入
35. 寸
36. 母
37. 市
38. 山
39. 韓
40. 洞
41. 重
42. 外
43. 國
44. 力
45. 同
46. 足
47. 食
48. 然
49. 內
50. 來
51. 二
52. 學

3. [문제53~54] 다음 漢字(한자)의 상대 또는 반대 漢字(한자)를 <보기>에서 골라 그 번호를 쓰세요.

< 보 기 >
① 右 ② 入 ③ 前 ④ 山

53. [   ] ↔ 後   54. [   ] ↔ 川

4. [문제55~64] 다음 訓(훈:뜻)과 音(음:소리)에 맞는 漢字(한자)를 <보기>에서 골라 그 번호를 쓰세요.

< 보 기 >
① 旗 ② 命 ③ 右 ④ 每 ⑤ 世
⑥ 邑 ⑦ 道 ⑧ 南 ⑨ 時 ⑩ 夏

55. 매양 매   56. 기 기
57. 오른 우   58. 인간 세
59. 고을 읍   60. 때 시
61. 여름 하   62. 길 도
63. 오른쪽 우   64. 목숨 명

5. [문제65~66] 다음 漢字語(한자어)의 뜻을 쓰세요.

65. 孝心

66. 老少

6. [문제67~68] 다음 문장에서 밑줄 친 단어의 漢字語(한자어)를 <보기>에서 골라 그 번호를 쓰세요.

< 보 기 >
① 海外 ② 外食 ③ 電氣 ④ 電話

67. 전화는 짧고 친절하게 해야한다.

68. 오늘 저녁은 온가족이 외식을 했다.

7. [문제69~70] 다음 漢字(한자)의 진하게 표시한 획은 몇 번째 쓰는지 <보기>에서 찾아 그 번호를 쓰세요.

< 보 기 >
① 첫 번째   ② 두 번째
③ 세 번째   ④ 네 번째
⑤ 다섯 번째   ⑥ 여섯 번째
⑦ 일곱 번째   ⑧ 여덟 번째

69.

70.

제5회 한자능력검정시험 7급 예상문제

합격점수 : 49점
제한시간 : 50분

1. [문제1~32] 다음 漢字語(한자어)의 讀音(독음)을 쓰세요.

< 보 기 >
漢字 → 한자

1. 老人	2. 數千
3. 三韓	4. 老母
5. 立春	6. 校旗
7. 父王	8. 自足
9. 小邑	10. 天氣
11. 電話	12. 市民
13. 秋夕	14. 邑村
15. 文敎	16. 農事
17. 名門	18. 外家
19. 平安	20. 安住
21. 場面	22. 學校
23. 中間	24. 國軍
25. 王道	26. 車主
27. 先山	28. 市長
29. 海外	30. 下校
31. 來世	32. 午前

2. [문제33~52] 다음 漢字(한자)의 訓(훈:뜻)과 音(음:소리)을 쓰세요.

< 보 기 >
字 → 글자 자

33. 活	34. 九
35. 左	36. 夕
37. 三	38. 間
39. 手	40. 休
41. 道	42. 木
43. 記	44. 南
45. 敎	46. 右
47. 女	48. 市
49. 土	50. 海
51. 空	52. 林

3. [문제53~54] 다음 漢字(한자)의 상대 또는 반대 漢字(한자)를 〈보기〉에서 골라 그 번호를 쓰세요.

< 보 기 >
① 右　② 入　③ 前　④ 水

53. 火 ↔ [　　　]　　54. 左 ↔ [　　　]

4. [문제55~64] 다음 訓(훈:뜻)과 音(음:소리)에 맞는 漢字(한자)를 〈보기〉에서 골라 그 번호를 쓰세요.

< 보 기 >
① 海　② 洞　③ 答　④ 安　⑤ 韓
⑥ 同　⑦ 來　⑧ 語　⑨ 國　⑩ 場

55. 말씀 어	56. 나라 국
57. 올 래	58. 마당 장
59. 한가지 동	60. 한국 한
61. 편안 안	62. 바다 해
63. 골 동	64. 대답 답

5. [문제65~66] 다음 漢字語(한자어)의 뜻을 쓰세요.

65. 東海

66. 問答

6. [문제67~68] 다음 문장에서 밑줄 친 단어의 漢字語(한자어)를 〈보기〉에서 골라 그 번호를 쓰세요.

< 보 기 >
① 安家 ② 春風 ③ 安心 ④ 春秋

67. 사면 춘풍

68. 안심 입명

7. [문제69~70] 다음 물음에 답하세요.

69.  ㉠ 획의 쓰는 순서를 아래에서 골라 번호를 쓰세요.

① 네 번째   ② 다섯 번째
③ 여섯 번째   ④ 일곱 번째

70.  ㉠ 획의 쓰는 순서를 아래에서 골라 번호를 쓰세요.

① 두 번째   ② 네 번째
③ 다섯 번째   ④ 여섯 번째

1. [문제1～32] 다음 漢字語(한자어)의 讀音(독음)을 쓰세요.

> < 보 기 >
> 漢字 → 한자

1. 軍旗
2. 動力
3. 萬事
4. 生活
5. 每日
6. 電氣
7. 大王
8. 每時
9. 長江
10. 數日
11. 生育
12. 自問
13. 不平
14. 國家
15. 父母
16. 前方
17. 午後
18. 室內
19. 手足
20. 春秋
21. 住所
22. 國旗
23. 王立
24. 空氣
25. 大門
26. 洞里
27. 不正
28. 草木
29. 車道
30. 工場
31. 植物
32. 活力

2. [문제33～52] 다음 漢字(한자)의 訓(훈:뜻)과 音(음:소리)을 쓰세요.

> < 보 기 >
> 字 → 글자 자

33. 孝
34. 心
35. 子
36. 所
37. 七
38. 間
39. 校
40. 草
41. 事
42. 植
43. 西
44. 命
45. 弟
46. 姓
47. 火
48. 人
49. 上
50. 軍
51. 旗
52. 住

3. [문제53～54] 다음 漢字(한자)의 상대 또는 반대 漢字(한자)를 <보기>에서 골라 그 번호를 쓰세요.

> < 보 기 >
> ① 少   ② 女   ③ 男   ④ 外

53. 老 ↔ [   ]   54. 內 ↔ [   ]

4. [문제55～64] 다음 訓(훈:뜻)과 音(음:소리)에 맞는 漢字(한자)를 <보기>에서 골라 그 번호를 쓰세요.

> < 보 기 >
> ① 校 ② 敎 ③ 便 ④ 室 ⑤ 春
> ⑥ 左 ⑦ 秋 ⑧ 空 ⑨ 全 ⑩ 話

55. 왼쪽 좌
56. 온전 전
57. 빌 공
58. 가을 추
59. 말씀 화
60. 봄 춘
61. 집 실
62. 학교 교
63. 가르칠 교
64. 편할 편

5. [문제65~66] 다음 漢字語(한자어)의 뜻을 쓰세요.

65. 南門

66. 生花

6. [문제67~68] 다음 문장에서 밑줄 친 단어의 漢字語(한자어)를 〈보기〉에서 골라 그 번호를 쓰세요.

< 보 기 >
① 市場 ② 市民 ③ 國軍 ④ 國歌

67. 시장에는 없는 물건이 거의 없다.

68. 경기 시작전에 두 나라의 국가가

    울려 퍼졌다.

7. [문제69~70] 다음 漢字(한자)의 ㉠획은 몇 번째 쓰는지 〈보기〉에서 찾아 그 번호를 쓰세요. (화살표는 ㉠획의 위치와 더불어 획을 쓰는 방향을 나타냅니다.)

< 보 기 >
① 첫 번째   ② 두 번째
③ 세 번째   ④ 네 번째
⑤ 다섯 번째   ⑥ 여섯 번째
⑦ 일곱 번째

69.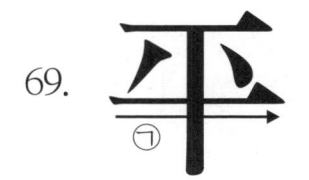

70.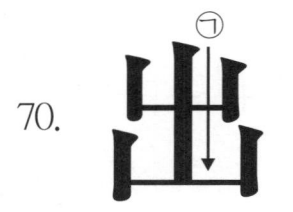

1. [문제1~32] 다음 漢字語(한자어)의 讀音(독음)을 쓰세요.

> < 보 기 >
> 漢字 → 한자

1. 나의 고향은 해변가의 江村입니다.
2. 나의 姓名은 홍길동입니다.
3. 새해 예산을 算出했습니다.
4. 운전은 安全이 우선입니다.
5. 西海 바닷가에는 갯벌이 많습니다.
6. 형제중에 첫째아들이 長子입니다.
7. 넓다란 土地위에 비닐하우스가 지어졌습니다.
8. 우리나라는 南北으로 갈라져 있습니다.
9. 4km의 거리를 十里라고 합니다.
10. 내 고향 南山은 바위가 많습니다.
11. 歌手는 노래도 잘하고 춤도 잘춥니다.
12. 부모님의 뜻을 잘받드는 사람이 孝子입니다.
13. 출입문이 自動으로 열립니다.
14. 夕食은 저녁에 하는 식사입니다.
15. 농촌지역은 邑面 구역으로 나뉩니다.
16. 조상이 남긴 유물을 後世에 길이 보전합시다.
17. 아프리카는 世上에서 제일 더운 곳입니다.
18. 강과 바다 산과 숲의 모든 自然을 보호합시다.
19. 요즘 언어중에 外來語가 많습니다.
20. 구호단체에서 活動하고 있습니다.
21. 敎生은 선생님이 되기전에 교실에서 실습을 합니다.
22. 우리집의 兄弟는 모두 세사람입니다.

23. 울릉도에서 독도까지의 거리는 몇 海里일까요?
24. 오늘은 어머니의 생일이어서 外食하기로 했습니다.
25. 지난 과거의 특별한 사연을 手記로 펴냈습니다.
26. 사람의 마음은 紙面을 통해 더욱 실감을 느낍니다.
27. 살기좋은 마을을 가꾸려고 洞長님이 애를 쓰십니다.
28. 기차가 떠나기 直前에 도착했습니다.
29. 할머니의 老年생활을 편안하게 해드립니다.
30. 교통이 不便하지 않도록 주차단속을 합니다.
31. 천둥소리가 天地를 울렸습니다.
32. 농사짓고 고기잡는 村民들이 고맙습니다.

2. [문제33~52] 다음 漢字(한자)의 訓(훈:뜻)과 音(음:소리)을 쓰세요.

> < 보 기 >
> 字 → 글자 자

33. 地	34. 年
35. 正	36. 動
37. 兄	38. 村
39. 育	40. 話
41. 車	42. 氣
43. 右	44. 日
45. 千	46. 長
47. 世	48. 住
49. 冬	50. 萬
51. 物	52. 里

3. [문제53~54] 다음 漢字(한자)의 상대 또는 반대 漢字(한자)를 〈보기〉에서 골라 그 번호를 쓰세요.

> < 보 기 >
> ① 北   ② 校   ③ 學   ④ 西

53. 南 ↔ [   ]   54. 敎 ↔ [   ]

4. [문제55~64] 다음 訓(훈:뜻)과 音(음:소리)에 맞는 漢字(한자)를 〈보기〉에서 골라 그 번호를 쓰세요.

> < 보 기 >
> ① 軍   ② 有   ③ 動   ④ 姓   ⑤ 江
> ⑥ 年   ⑦ 弟   ⑧ 活   ⑨ 冬   ⑩ 孝

55. 성 성   56. 강 강
57. 해 년   58. 겨울 동
59. 아우 제   60. 살 활
61. 군사 군   62. 있을 유
63. 효도 효   64. 움직일 동

5. [문제65~66] 다음 漢字語(한자어)의 뜻을 쓰세요.

65. 住所

66. 校歌

6. [문제67~68] 다음 문장에서 밑줄 친 단어의 漢字語(한자어)를 〈보기〉에서 골라 그 번호를 쓰세요.

> < 보 기 >
> ① 兄弟   ② 校室   ③ 敎室   ④ 百姓

67. 부모 형제

68. 학교 교실

7. [문제69~70] 다음 漢字(한자)의 진하게 표시한 획은 몇 번째 쓰는지 〈보기〉에서 찾아 그 번호를 쓰세요.

> < 보 기 >
> ① 첫 번째   ② 두 번째
> ③ 세 번째   ④ 네 번째
> ⑤ 다섯 번째   ⑥ 여섯 번째
> ⑦ 일곱 번째   ⑧ 여덟 번째

69.

70.

1. [문제1~32] 다음 漢字語(한자어)의 讀音(독음)을 쓰세요.

> < 보 기 >
> 漢字 → 한자

1. 問答
2. 四方
3. 孝道
4. 外出
5. 南海
6. 母國
7. 動物
8. 家道
9. 東海
10. 先祖
11. 算數
12. 木花
13. 住民
14. 正道
15. 全力
16. 敎室
17. 村夫
18. 地方
19. 老少
20. 軍事
21. 兄夫
22. 空間
23. 不足
24. 空中
25. 邑內
26. 內外
27. 農林
28. 電動
29. 生花
30. 北海
31. 白旗
32. 孝女

2. [문제33~52] 다음 漢字(한자)의 訓(훈:뜻)과 音(음:소리)을 쓰세요.

> < 보 기 >
> 字 → 글자 자

33. 老
34. 五
35. 生
36. 字
37. 四
38. 立
39. 下
40. 天
41. 自
42. 父
43. 先
44. 室
45. 工
46. 農
47. 平
48. 色
49. 語
50. 間
51. 休
52. 白

3. [문제53~54] 다음 漢字(한자)의 상대 또는 반대 漢字(한자)를 <보기>에서 골라 그 번호를 쓰세요.

> < 보 기 >
> ① 山　② 手　③ 海　④ 面

53. 江 ↔ [　　　]　54. [　　　] ↔ 足

4. [문제55~64] 다음 訓(훈:뜻)과 音(음:소리)에 맞는 漢字(한자)를 <보기>에서 골라 그 번호를 쓰세요.

> < 보 기 >
> ① 氣　② 休　③ 農　④ 少　⑤ 住
> ⑥ 午　⑦ 植　⑧ 歌　⑨ 紙　⑩ 直

55. 적을 소
56. 곧을 직
57. 노래 가
58. 종이 지
59. 심을 식
60. 기운 기
61. 쉴 휴
62. 농사 농
63. 살 주
64. 낮 오

5. [문제65~66] 다음 漢字語(한자어)의 뜻을 쓰세요.

65. 草家

66. 出生

6. [문제67~68] 다음 문장에서 밑줄 친 단어의 漢字語(한자어)를 <보기>에서 골라 그 번호를 쓰세요.

```
< 보 기 >
① 先祖   ② 國旗   ③ 先見   ④ 軍旗
```

67. 후손들은 <u>선조</u> 들의 은혜를 잊지

말아야 한다.

68. 태극기는 우리나라의 <u>국기</u>이다.

7. [문제69~70] 다음 漢字(한자)의 ㉠획은 몇 번째 쓰는지 <보기>에서 찾아 그 번호를 쓰세요. (화살표는 ㉠획의 위치와 더불어 획을 쓰는 방향을 나타냅니다.)

```
< 보 기 >
① 첫 번째      ② 두 번째
③ 세 번째      ④ 네 번째
⑤ 다섯 번째    ⑥ 여섯 번째
⑦ 일곱 번째
```

69.

70.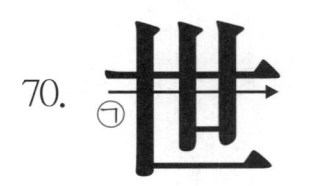

1. [문제1~32] 다음 밑줄 친 漢字語(한자어)의 音(음:소리)을 쓰세요.

> < 보 기 >
> 漢字 → 한자

1. 이 花草는 물을 조금씩 자주자주 주어야 합니다.
2. 빨간색은 靑色에 대비되는 색입니다.
3. 백두산 천지는 火山폭발로 만들어졌습니다.
4. 三月이 되니 날씨가 따뜻해집니다.
5. 나는 중학교 때부터 數學을 무척 좋아합니다.
6. 철수가 낸 수수께끼의 正答은 사람입니다.
7. 때는 바야흐로 萬物이 소생하는 봄입니다.
8. 유명한 사람들의 生家는 비교적 잘 보존됩니다.
9. 그는 논밭을 팔아 자식을 敎育하였습니다.
10. 그는 건강을 위해 每日 한 시간씩 달립니다.
11. 千金을 준다고 해도 나는 이 집을 팔 수 없습니다.
12. 그는 어머니를 극진히 모시는 孝子입니다.
13. 날씨가 몹시 추워 각 학교에서는 임시 休校에 들어갔습니다.
14. 이 종이는 紙面이 매끄럽습니다.
15. 사람은 直立 동물로서 두발로 서서 똑바로 걸으면서 생활합니다.
16. 우리 工場은 기계를 쓰지 않고 수작업으로 운영합니다.
17. 시장은 상인들과 행인들로 活氣가 넘쳤습니다.
18. 우리 마을은 물이 좋아 개울물을 食水로 사용합니다.
19. 삼촌들은 할아버지 묘소에 소나무를 植木하였습니다.
20. 우리 동네의 室內 수영장은 항상 만원입니다.
21. 이것은 祖父로부터 몰려받은 유산입니다.
22. 秋夕때쯤이면 햅쌀이 납니다.
23. 그는 직접 곡을 만들어 부르는 실력 있는 歌手입니다.
24. 오늘은 午後 내내 비가 내렸습니다.
25. 우리는 平時에도 늘 재난에 대비해야 합니다.
26. 우리 마을의 年間 총수입은 전국 평균보다 높습니다.
27. 할아버지는 산을 개간해서 農土로 만드셨습니다.
28. 온 동네 住民이 모두 모여 한 해 농사의 풍년을 기원합니다.
29. 그녀는 집의 도움을 받지 않고 自力으로 대학을 졸업했습니다.
30. 장차 나라의 主人이 될 어린이들.
31. 폭우 때문에 주민들을 安全한 곳으로 대피시켰습니다.
32. 순희는 兄夫가 될 사람과 친해지려고 노력합니다.

2. [문제33~52] 다음 漢字(한자)의 訓(훈:뜻)과 音(음:소리)을 쓰세요.

> < 보 기 >
> 字 → 글자 자

33. 算	34. 東
35. 姓	36. 天
37. 然	38. 外
39. 左	40. 命
41. 道	42. 林
43. 市	44. 海
45. 村	46. 江
47. 前	48. 空
49. 動	50. 右
51. 世	52. 事

3. [문제53~54] 다음 밑줄 친 단어의 漢字語(한자어)에 맞는 것을 〈보기〉에서 골라 그 번호를 쓰세요.

< 보 기 >
① 所重 ② 百記 ③ 小中 ④ 白旗

53. 백군이 <u>백기</u>를 흔들며 응원합니다.

54. 소연이는 나의 어린시절부터 가장 <u>소중</u>한 친구입니다.

4. [문제55~64] 다음 訓(훈:뜻)과 音(음:소리)에 맞는 漢字(한자)를 〈보기〉에서 골라 그 번호를 쓰세요.

< 보 기 >
① 里 ② 登 ③ 五 ④ 冬 ⑤ 先
⑥ 車 ⑦ 南 ⑧ 有 ⑨ 語 ⑩ 來

55. 먼저 선   56. 수레 거
57. 겨울 동   58. 있을 유
59. 다섯 오   60. 오를 등
61. 말씀 어   62. 마을 리
63. 남녘 남   64. 올 래

5. [문제65~66] 다음 漢字(한자)의 상대 또는 반대되는 漢字(한자)를 〈보기〉에서 골라 그 번호를 쓰세요.

< 보 기 >
① 男 ② 足 ③ 色 ④ 入

65. [   ] ↔ 女   66. 出 ↔ [   ]

6. [문제67~68] 다음 漢字語(한자어)의 뜻을 쓰세요.

67. 同名

68. 地上

7. [문제69~70] 다음 漢字(한자)의 진하게 표시한 획은 몇 번째 획인지 숫자(1~9)로 쓰세요.

69.

70.

1. [문제1~32] 다음 밑줄 친 漢字語(한자어)의 音(음:소리)을 쓰세요.

```
< 보 기 >
漢字 → 한자
```

1. 우리 집안의 先祖 가운데 높은 벼슬하신 분들이 많습니다.
2. 오늘 마을 회의는 里長집에서 열립니다.
3. 우리 반은 버스로 登校하는 학생이 많습니다.
4. 이 책은 아버님께서 生前에 아끼시던 것입니다.
5. 이 사진기는 필름이 自動으로 되감깁니다.
6. 어린이들은 이 世上을 밝히는 등불입니다.
7. 그에 관한 記事가 신문에 났습니다.
8. 이곳은 漢江의 발원지라 물이 깨끗합니다.
9. 農村 지역의 인구가 많이 줄어들었습니다.
10. 우리는 한강 市民 공원으로 놀러 갔습니다.
11. 우리 회사의 월급은 電算으로 처리됩니다.
12. 전봉준은 東學 운동의 선봉장입니다.
13. 임진왜란 때 모든 百姓들이 나라를 위해 싸웠습니다.
14. 진돗개는 天然기념물입니다.
15. 왼손을 左手라고 합니다.
16. 부모님을 海外여행 보내 드립니다.
17. 화살이 과녁에 命中하였습니다.
18. 뜨거운 물이 食道로 넘어 갔습니다.
19. 이곳은 수목이 울창한 山林 지대입니다.
20. 그 집안은 가정 教育이 엄합니다.
21. 영화가 끝나자 사람들이 出口로 몰려나옵니다.
22. 저희는 지난주에 아파트에 入住했습니다.

23. 그 草地에는 가축들이 먹을 풀이 자랍니다.
24. 그는 자신의 弟子들을 대견히 여깁니다.
25. 그녀는 白紙 위에 무언가를 적고 있습니다.
26. 아버지는 老年에 전원생활을 하시겠답니다.
27. 휴가는 지루한 직장 생활에 活力이 됩니다.
28. 이순신 장군은 大軍의 왜적을 물리쳤습니다.
29. 나에게는 靑春의 피가 뜨겁게 흐릅니다.
30. 우리 來日 등산 갈까?
31. 그는 비범한 재능을 所有한 젊은이입니다.
32. 중세에는 지구가 平面이라고 생각했습니다.

2. [문제33~52] 다음 漢字(한자)의 訓(훈:뜻)과 音(음:소리)을 쓰세요.

```
< 보 기 >
字 → 글자 자
```

33. 旗
34. 七
35. 千
36. 川
37. 主
38. 內
39. 工
40. 休
41. 少
42. 家
43. 西
44. 花
45. 洞
46. 兄
47. 間
48. 父
49. 木
50. 氣
51. 邑
52. 北

3. [문제53~54] 다음 밑줄 친 단어의 漢字語(한자어)를 〈보기〉에서 골라 그 번호를 쓰세요.

< 보 기 >
① 午後 ② 國正 ③ 文物 ④ 正門

53. 광화문은 경복궁의 정문입니다.

54. 아침에 맑던 하늘이 오후가 되면서 흐려졌습니다.

4. [문제55~64] 다음 訓(훈:뜻)과 音(음:소리)에 맞는 漢字(한자)를 〈보기〉에서 골라 그 번호를 쓰세요.

< 보 기 >
① 九 ② 男 ③ 右 ④ 夕 ⑤ 時
⑥ 立 ⑦ 話 ⑧ 每 ⑨ 秋 ⑩ 金

55. 매양 매   56. 설 립
57. 쇠 금   58. 때 시
59. 말씀 화   60. 저녁 석
61. 사내 남   62. 오른 우
63. 가을 추   64. 아홉 구

5. [문제65~66] 다음 漢字(한자)의 상대 또는 반대되는 漢字(한자)를 〈보기〉에서 골라 그 번호를 쓰세요.

< 보 기 >
① 答 ② 同 ③ 火 ④ 夏

65. [   ] ↔ 冬   66. [   ] ↔ 水

6. [문제67~68] 다음 漢字語(한자어)의 뜻을 쓰세요.

67. 母女

68. 安心

7. [문제69~70] 다음 漢字(한자)의 진하게 표시한 획은 몇 번째 쓰는지 〈보기〉에서 찾아 그 번호를 쓰세요.

< 보 기 >
① 첫 번째   ② 두 번째
③ 세 번째   ④ 네 번째
⑤ 다섯 번째   ⑥ 여섯 번째
⑦ 일곱 번째   ⑧ 여덟 번째
⑨ 아홉 번째   ⑩ 열 번째

69. 空

70. 室

수험번호 □□□ - □□ - □□□□   성 명 □□□□□

주민등록번호 □□□□□□ - □□□□□□□

제   회 전국한자능력검정시험 7급 답안지(1) (시험시간 50분)

번호	답안란 정답	채점란 1검	2검	번호	답안란 정답	채점란 1검	2검	번호	답안란 정답	채점란 1검	2검
1				12				23			
2				13				24			
3				14				25			
4				15				26			
5				16				27			
6				17				28			
7				18				29			
8				19				30			
9				20				31			
10				21				32			
11				22				33			

감 독 위 원	채 점 위 원 (1)	채 점 위 원 (2)	채 점 위 원 (3)
(서명)	(득점) (서명)	(득점) (서명)	(득점) (서명)

※ 뒷면으로 이어짐

※ 답안지는 컴퓨터로 처리되므로 구기거나 더럽히지 마시고, 정답 칸 안에만 쓰십시오. 글씨가 채점란으로 들어오면 오답처리가 됩니다.

제   회 전국한자능력검정시험 7급 답안지(2)

번호	정답	1검	2검	번호	정답	1검	2검	번호	정답	1검	2검
	답 안 란	채점란			답 안 란	채점란			답 안 란	채점란	
34				47				60			
35				48				61			
36				49				62			
37				50				63			
38				51				64			
39				52				65			
40				53				66			
41				54				67			
42				55				68			
43				56				69			
44				57				70			
45				58							
46				59							

사단법인 한국어문회·한국한자능력검정회

수험번호 □□□ - □□ - □□□□　　성 명 □□□□

주민등록번호 □□□□□□ - □□□□□□□

※ 한글, 한자이름 모두 사용 가능.
※ 유성펜, 연필, 붉은 색 필기구 사용 불가.

※ 답안지는 컴퓨터로 처리되므로 구기거나 더럽히지 마시고, 정답 칸 안에만 쓰십시오. 글씨가 채점란으로 들어오면 오답처리가 됩니다.

제　회 전국한자능력검정시험 7급 답안지(1) (시험시간 50분)

번호	답안란 정답	채점란 1검	채점란 2검	번호	답안란 정답	채점란 1검	채점란 2검	번호	답안란 정답	채점란 1검	채점란 2검
1				12				23			
2				13				24			
3				14				25			
4				15				26			
5				16				27			
6				17				28			
7				18				29			
8				19				30			
9				20				31			
10				21				32			
11				22				33			

감 독 위 원	채 점 위 원 (1)	채 점 위 원 (2)	채 점 위 원 (3)
(서명)	(득점) (서명)	(득점) (서명)	(득점) (서명)

※ 뒷면으로 이어짐

※ 답안지는 컴퓨터로 처리되므로 구기거나 더럽히지 마시고, 정답 칸 안에만 쓰십시오. 글씨가 채점란으로 들어오면 오답처리가 됩니다.

제   회 전국한자능력검정시험 7급 답안지(2)

번호	답 안 란 정 답	채점란 1검	2검	번호	답 안 란 정 답	채점란 1검	2검	번호	답 안 란 정 답	채점란 1검	2검
34				47				60			
35				48				61			
36				49				62			
37				50				63			
38				51				64			
39				52				65			
40				53				66			
41				54				67			
42				55				68			
43				56				69			
44				57				70			
45				58							
46				59							

수험번호 ☐☐☐☐ - ☐☐☐ - ☐☐☐☐☐☐ 　　성 명 ☐☐☐☐☐☐

주민등록번호 ☐☐☐☐☐☐ - ☐☐☐☐☐☐☐

※ 한글, 한자이름 모두 사용 가능.
※ 유성펜, 연필, 붉은 색 필기구 사용 불가.

※ 답안지는 컴퓨터로 처리되므로 구기거나 더럽히지 마시고, 정답 칸 안에만 쓰십시오. 글씨가 채점란으로 들어오면 오답처리가 됩니다.

제　회 전국한자능력검정시험 7급 답안지(1) (시험시간 50분)

번호	답안란 정답	채점란 1검	2검	번호	답안란 정답	채점란 1검	2검	번호	답안란 정답	채점란 1검	2검
1				12				23			
2				13				24			
3				14				25			
4				15				26			
5				16				27			
6				17				28			
7				18				29			
8				19				30			
9				20				31			
10				21				32			
11				22				33			

감 독 위 원	채 점 위 원 (1)		채 점 위 원 (2)		채 점 위 원 (3)	
(서명)	(득점)	(서명)	(득점)	(서명)	(득점)	(서명)

※ 뒷면으로 이어짐

※ 답안지는 컴퓨터로 처리되므로 구기거나 더럽히지 마시고, 정답 칸 안에만 쓰십시오. 글씨가 채점란으로 들어오면 오답처리가 됩니다.

제   회 전국한자능력검정시험 7급 답안지(2)

번호	정답	1검	2검	번호	정답	1검	2검	번호	정답	1검	2검
34				47				60			
35				48				61			
36				49				62			
37				50				63			
38				51				64			
39				52				65			
40				53				66			
41				54				67			
42				55				68			
43				56				69			
44				57				70			
45				58							
46				59							

수험번호 ☐☐☐ - ☐☐ - ☐☐☐☐   성 명 ☐☐☐☐

주민등록번호 ☐☐☐☐☐☐ - ☐☐☐☐☐☐☐

※ 한글, 한자이름 모두 사용 가능.
※ 유성펜, 연필, 붉은 색 필기구 사용 불가.

※ 답안지는 컴퓨터로 처리되므로 구기거나 더럽히지 마시고, 정답 칸 안에만 쓰십시오. 글씨가 채점란으로 들어오면 오답처리가 됩니다.

제   회 전국한자능력검정시험 7급 답안지(1) (시험시간 50분)

번호	답 안 란 정 답	채점란 1검	2검	번호	답 안 란 정 답	채점란 1검	2검	번호	답 안 란 정 답	채점란 1검	2검
1				12				23			
2				13				24			
3				14				25			
4				15				26			
5				16				27			
6				17				28			
7				18				29			
8				19				30			
9				20				31			
10				21				32			
11				22				33			

감 독 위 원	채 점 위 원 (1)	채 점 위 원 (2)	채 점 위 원 (3)
(서명)	(득점) (서명)	(득점) (서명)	(득점) (서명)

※ 뒷면으로 이어짐

※ 답안지는 컴퓨터로 처리되므로 구기거나 더럽히지 마시고, 정답 칸 안에만 쓰십시오. 글씨가 채점란으로 들어오면 오답처리가 됩니다.

제   회 전국한자능력검정시험 7급 답안지(2)

번호	정답	1검	2검	번호	정답	1검	2검	번호	정답	1검	2검
	답 안 란	채점란			답 안 란	채점란			답 안 란	채점란	
34				47				60			
35				48				61			
36				49				62			
37				50				63			
38				51				64			
39				52				65			
40				53				66			
41				54				67			
42				55				68			
43				56				69			
44				57				70			
45				58							
46				59							

사단법인 한국어문회·한국한자능력검정회

수험번호 ☐☐☐ - ☐☐ - ☐☐☐☐   성 명 ☐☐☐☐

주민등록번호 ☐☐☐☐☐☐ - ☐☐☐☐☐☐☐

※ 한글, 한자이름 모두 사용 가능.
※ 유성펜, 연필, 붉은 색 필기구 사용 불가.

※ 답안지는 컴퓨터로 처리되므로 구기거나 더럽히지 마시고, 정답 칸 안에만 쓰십시오. 글씨가 채점란으로 들어오면 오답처리가 됩니다.

제   회 전국한자능력검정시험 7급 답안지(1) (시험시간 50분)

번호	답안란 정답	채점란 1검	채점란 2검	번호	답안란 정답	채점란 1검	채점란 2검	번호	답안란 정답	채점란 1검	채점란 2검
1				12				23			
2				13				24			
3				14				25			
4				15				26			
5				16				27			
6				17				28			
7				18				29			
8				19				30			
9				20				31			
10				21				32			
11				22				33			

감 독 위 원 (서명)	채 점 위 원 (1) (득점) (서명)	채 점 위 원 (2) (득점) (서명)	채 점 위 원 (3) (득점) (서명)

※ 뒷면으로 이어짐

※ 답안지는 컴퓨터로 처리되므로 구기거나 더럽히지 마시고, 정답 칸 안에만 쓰십시오. 글씨가 채점란으로 들어오면 오답처리가 됩니다.

제   회 전국한자능력검정시험 7급 답안지(2)

번호	정답	1검	2검	번호	정답	1검	2검	번호	정답	1검	2검
	답 안 란	채점란			답 안 란	채점란			답 안 란	채점란	
34				47				60			
35				48				61			
36				49				62			
37				50				63			
38				51				64			
39				52				65			
40				53				66			
41				54				67			
42				55				68			
43				56				69			
44				57				70			
45				58							
46				59							

한자능력 검정시험 7급
기출·예상문제(1~9회)

본 기출·예상문제는
한자능력검정시험에 출제되었던 문제를
수험생들에 의해 모아 만든 것입니다.
때문에 실제문제의 내용과 번호가
다소 다를 수 있습니다만 자신의 실제 합격점수대를
예측하는데 큰 도움이 될것입니다.
정답은 99쪽에 있습니다.

♣ 다음 漢子(한자)의 訓(훈)과 音(음)을 쓰세요 ♣ <훈음쓰기 A형>

時 100 ( )
有 110 ( )
寸 43 ( )
休 150 ( )
話 146 ( )
木 15 ( )
生 24 ( )
場 117 ( )

天 132 ( )
文 83 ( )
數 99 ( )
口 58 ( )
間 53 ( )
前 119 ( )
右 109 ( )
母 14 ( )

命 81 ( )
不 88 ( )
少 96 ( )
所 97 ( )
安 105 ( )
氣 61 ( )
南 7 ( )
旗 59 ( )

學 47 ( )
物 84 ( )
九 3 ( )
土 45 ( )
下 141 ( )
每 78 ( )
工 56 ( )
車 55 ( )

孝 148 ( )
重 127 ( )
登 71 ( )
午 108 ( )
五 31 ( )
洞 70 ( )
住 126 ( )
水 28 ( )

市 101 ( )
門 16 ( )
世 95 ( )
人 36 ( )
邑 112 ( )
草 134 ( )
算 90 ( )
國 4 ( )

日 38 ( )
七 44 ( )
春 137 ( )
夏 142 ( )
十 30 ( )
家 52 ( )
主 125 ( )
平 140 ( )

心 104 ( )
自 116 ( )
名 80 ( )
歌 51 ( )
敎 1 ( )
秋 136 ( )
然 107 ( )
記 60 ( )

姓 94 ( )
祖 122 ( )
道 66 ( )
父 19 ( )
夕 93 ( )
足 123 ( )
先 26 ( )
正 121 ( )

江 54 ( )
民 17 ( )
火 50 ( )

漢	來	室	金	空	紙	直	男
143	72	29	6	57	129	130	62
( )	( )	( )	( )	( )	( )	( )	( )
六	兄	村	花	育	地	千	後
12	49	135	145	111	128	131	149
( )	( )	( )	( )	( )	( )	( )	( )
長	內	二	活	校	軍	弟	字
39	63	35	147	2	5	40	115
( )	( )	( )	( )	( )	( )	( )	( )
靑	女	面	大	三	入	植	西
42	8	79	10	23	113	102	25
( )	( )	( )	( )	( )	( )	( )	( )
夫	答	電	四	中	冬	王	食
87	65	120	21	41	67	32	103
( )	( )	( )	( )	( )	( )	( )	( )
百	萬	韓	力	八	一	里	白
86	13	48	73	46	37	75	18
( )	( )	( )	( )	( )	( )	( )	( )
月	色	左	全	外	方	子	事
34	92	124	118	33	85	114	89
( )	( )	( )	( )	( )	( )	( )	( )
手	上	農	北	東	年	川	小
98	91	64	20	11	9	133	27
( )	( )	( )	( )	( )	( )	( )	( )
山	海	林	同	老	立	語	問
22	144	76	69	74	77	106	82
( )	( )	( )	( )	( )	( )	( )	( )
便	出	動					
139	138	68					
( )	( )	( )					

♣ 다음 漢子(한자)의 訓(훈)과 音(음)을 쓰세요 ♣　<훈음쓰기 B형>

日	七	十	夏	主	家	春	平
38	44	30	142	125	52	137	140
( )	( )	( )	( )	( )	( )	( )	( )

姓	祖	夕	父	先	足	道	正
94	122	93	19	26	123	66	121
( )	( )	( )	( )	( )	( )	( )	( )

命	不	安	所	南	氣	少	旗
81	88	105	97	7	61	96	59
( )	( )	( )	( )	( )	( )	( )	( )

學	物	下	土	工	民	九	車
47	84	141	45	56	17	3	55
( )	( )	( )	( )	( )	( )	( )	( )

孝	重	五	午	住	洞	火	水
148	127	31	108	126	70	50	28
( )	( )	( )	( )	( )	( )	( )	( )

市	門	邑	人	算	草	世	國
101	16	112	36	90	134	95	4
( )	( )	( )	( )	( )	( )	( )	( )

時	有	話	休	生	木	寸	場
100	110	146	150	24	15	43	117
( )	( )	( )	( )	( )	( )	( )	( )

心	自	敎	歌	然	秋	名	記
104	116	1	51	107	136	80	60
( )	( )	( )	( )	( )	( )	( )	( )

天	江	間	口	右	前	數	母
132	54	53	58	109	119	99	14
( )	( )	( )	( )	( )	( )	( )	( )

文	每	登
83	78	71
( )	( )	( )

方	色	事	全	外	左	子	月
85	92	89	118	33	124	114	34
( )	( )	( )	( )	( )	( )	( )	( )
地	兄	後	花	育	村	千	六
128	49	149	145	111	135	131	12
( )	( )	( )	( )	( )	( )	( )	( )
軍	內	字	活	便	二	弟	長
5	63	115	147	139	35	40	39
( )	( )	( )	( )	( )	( )	( )	( )
紙	來	男	金	空	室	直	漢
129	72	62	6	57	29	130	143
( )	( )	( )	( )	( )	( )	( )	( )
冬	答	食	四	中	出	王	夫
67	65	103	21	41	138	32	87
( )	( )	( )	( )	( )	( )	( )	( )
一	萬	白	力	八	韓	里	百
37	13	18	73	46	48	75	86
( )	( )	( )	( )	( )	( )	( )	( )
立	海	問	同	老	林	語	山
77	144	82	69	74	76	106	22
( )	( )	( )	( )	( )	( )	( )	( )
年	上	小	北	東	動	川	手
9	91	27	20	11	68	133	98
( )	( )	( )	( )	( )	( )	( )	( )
入	女	西	大	三	面	植	靑
113	8	25	10	23	79	102	42
( )	( )	( )	( )	( )	( )	( )	( )
校	電	農					
2	120	64					
( )	( )	( )					

♣ 다음 漢子(한자)의 訓(훈)과 音(음)을 쓰세요 ♣ 〈훈음쓰기 C형〉

秋 136 (   ) 記 60 (   ) 教 1 (   ) 心 104 (   ) 然 107 (   ) 自 116 (   ) 名 80 (   ) 歌 51 (   )

足 123 (   ) 正 121 (   ) 夕 93 (   ) 姓 94 (   ) 先 26 (   ) 文 83 (   ) 道 66 (   ) 父 19 (   )

每 78 (   ) 旗 59 (   ) 安 105 (   ) 登 71 (   ) 南 7 (   ) 不 88 (   ) 少 96 (   ) 所 97 (   )

前 119 (   ) 母 14 (   ) 間 53 (   ) 天 132 (   ) 右 109 (   ) 江 54 (   ) 數 99 (   ) 口 58 (   )

洞 70 (   ) 水 28 (   ) 五 31 (   ) 孝 148 (   ) 住 126 (   ) 重 127 (   ) 火 50 (   ) 午 108 (   )

家 52 (   ) 平 140 (   ) 十 30 (   ) 日 38 (   ) 主 125 (   ) 七 44 (   ) 春 137 (   ) 夏 142 (   )

木 15 (   ) 場 117 (   ) 話 146 (   ) 時 100 (   ) 生 24 (   ) 有 110 (   ) 寸 43 (   ) 休 150 (   )

民 17 (   ) 車 55 (   ) 下 141 (   ) 學 47 (   ) 工 56 (   ) 物 84 (   ) 九 3 (   ) 土 45 (   )

草 134 (   ) 國 4 (   ) 邑 112 (   ) 市 101 (   ) 算 90 (   ) 門 16 (   ) 世 95 (   ) 人 36 (   )

祖 122 (   ) 氣 61 (   ) 命 81 (   )

川	動	手	北	東	年	小	上
133	68	98	20	11	9	27	91
( )	( )	( )	( )	( )	( )	( )	( )
千	村	六	花	育	地	後	兄
131	135	12	145	111	128	149	49
( )	( )	( )	( )	( )	( )	( )	( )
弟	二	長	活	校	軍	字	內
40	35	39	147	2	5	115	63
( )	( )	( )	( )	( )	( )	( )	( )
植	面	靑	大	三	入	西	女
102	79	42	10	23	113	25	8
( )	( )	( )	( )	( )	( )	( )	( )
子	左	月	全	外	方	事	色
114	124	34	118	33	85	89	92
( )	( )	( )	( )	( )	( )	( )	( )
里	韓	百	力	八	一	白	萬
75	48	86	73	46	37	18	13
( )	( )	( )	( )	( )	( )	( )	( )
語	林	山	同	老	立	問	海
106	76	22	69	74	77	82	144
( )	( )	( )	( )	( )	( )	( )	( )
直	室	電	金	空	紙	男	農
130	29	120	6	57	129	62	64
( )	( )	( )	( )	( )	( )	( )	( )
王	出	夫	四	中	冬	食	答
32	138	87	21	41	67	103	65
( )	( )	( )	( )	( )	( )	( )	( )
便	漢	來					
139	143	72					
( )	( )	( )					

합격점수 : 49점
제한시간 : 50분

㈜한국어문회시행

수험생들에 의해 재생되었습니다.

1. [문제1~32] 다음 漢字語(한자어)의 讀音(독음)을 쓰세요.

> < 보 기 >
> 漢字 → 한자

1. 電話
2. 每事
3. 住民
4. 孝道
5. 日氣
6. 食水
7. 木花
8. 校歌
9. 市立
10. 萬全
11. 靑色
12. 算出
13. 祖父
14. 百姓
15. 平年
16. 男便
17. 名答
18. 場面
19. 家長
20. 洞里
21. 南北
22. 地方
23. 所有
24. 先後
25. 時空
26. 老少
27. 自重
28. 左右
29. 正直
30. 登記
31. 命中
32. 生活

2. [문제33~52] 다음 漢字(한자)의 訓(훈:뜻)과 音(음:소리)을 쓰세요.

> < 보 기 >
> 字 → 글자 자

33. 村
34. 來
35. 兄
36. 草
37. 數
38. 足
39. 同
40. 軍
41. 邑
42. 植
43. 休
44. 王
45. 然
46. 外
47. 紙
48. 旗
49. 午
50. 林
51. 弟
52. 夕

3. [문제53~54] 다음 漢字(한자)의 상대 또는 반대 漢字(한자)를 <보기>에서 골라 그 번호를 쓰세요.

> < 보 기 >
> ① 土   ② 學   ③ 東   ④ 夏

53. 敎 ↔ [   ]   54. [   ] ↔ 西

4. [문제55~56] 다음 漢字語(한자어)의 뜻을 쓰세요.

55. 門前
56. 室內

5. [문제57~66] 다음 訓(훈:뜻)과 音(음:소리)에 맞는 漢字(한자)를 〈보기〉에서 골라 그 번호를 쓰세요.

```
< 보기 >
① 寸  ② 農  ③ 工  ④ 海  ⑤ 寸
⑥ 金  ⑦ 夫  ⑧ 秋  ⑨ 育  ⑩ 母
```

57. 마디 촌   58. 어미 모
59. 가을 추   60. 지아비 부
61. 주인 주   62. 쇠 금
63. 농사 농   64. 바다 해
65. 장인 공   66. 기를 육

6. [문제67~68] 다음 문장에서 밑줄 친 단어의 漢字語(한자어)를 〈보기〉에서 골라 그 번호를 쓰세요.

```
< 보기 >
① 世上  ② 大川  ③ 動物  ④ 心中
```

67. 초식동물

68. 세상만사

7. [문제69~70] 다음 물음에 답하세요.

69.  ㉠획의 쓰는 순서를 아래에서 골라 번호를 쓰세요.

① 네 번째   ② 일곱 번째
③ 다섯 번째   ④ 여섯 번째

70. 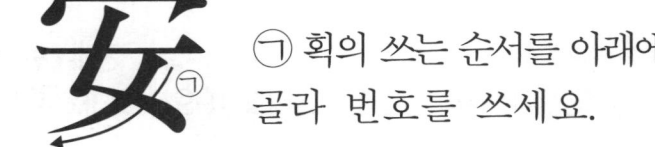 ㉠획의 쓰는 순서를 아래에서 골라 번호를 쓰세요.

① 두 번째   ② 세 번째
③ 네 번째   ④ 다섯 번째

㈜한국어문회시행

수험생들에 의해 재생되었습니다.

1. [문제1~32] 다음 漢字語(한자어)의 讀音(독음)을 쓰세요.

<보기>
漢字 → 한자

1. 正答	2. 活力
3. 自然	4. 日記
5. 場所	6. 空白
7. 先祖	8. 校花
9. 電話	10. 軍旗
11. 時間	12. 姓名
13. 市長	14. 萬事
15. 兄弟	16. 孝子
17. 數學	18. 平面
19. 每年	20. 文民
21. 生物	22. 男女
23. 手下	24. 家門
25. 世上	26. 心算
27. 敎室	28. 安全
29. 三重	30. 植物
31. 洞里	32. 百方

2. [문제33~52] 다음 漢字(한자)의 訓(훈:뜻)과 音(음:소리)을 쓰세요.

<보기>
字 → 글자 자

33. 住	34. 海
35. 出	36. 寸
37. 命	38. 冬
39. 育	40. 夫
41. 右	42. 午
43. 春	44. 前
45. 道	46. 有
47. 天	48. 邑
49. 便	50. 秋
51. 紙	52. 色

3. [문제53~54] 다음 漢字(한자)의 상대 또는 반대 漢字(한자)를 <보기>에서 골라 그 번호를 쓰세요.

<보기>
① 小   ② 少   ③ 前   ④ 內

53. 大 ↔ [   ]   54. [   ] ↔ 外

4. [문제55~56] 다음 漢字語(한자어)의 뜻을 쓰세요.

55. 農地

56. 登山

5. [문제57~66] 다음 訓(훈:뜻)과 音(음:소리)에 맞는 漢字(한자)를 〈보기〉에서 골라 그 번호를 쓰세요.

```
< 보 기 >
① 動   ② 休   ③ 林   ④ 歌   ⑤ 夕
⑥ 老   ⑦ 車   ⑧ 草   ⑨ 旗   ⑩ 來
```

57. 기 기   58. 저녁 석

59. 쉴 휴   60. 풀 초

61. 늙을 로   62. 움직일 동

63. 노래 가   64. 올 래

65. 수레 거   66. 수풀 림

6. [문제67~68] 다음 문장에서 밑줄 친 단어의 漢字語(한자어)를 〈보기〉에서 골라 그 번호를 쓰세요.

```
< 보 기 >
① 人間   ② 邑里   ③ 直立   ④ 二足
```

67. 인간의 특징 가운데 하나는 똑바로

서서 걷는다는 것이다.

68. 두 발로 걷는 로봇이 새로 나왔다.

7. [문제69~70] 다음 물음에 답하세요.

69. 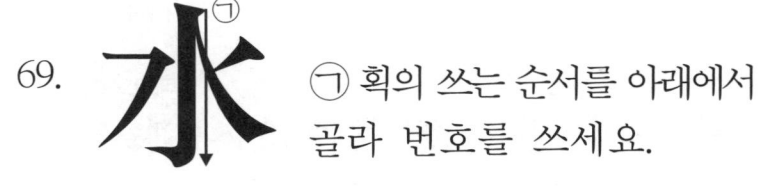 ㉠ 획의 쓰는 순서를 아래에서 골라 번호를 쓰세요.

① 첫 번째   ② 두 번째

③ 세 번째   ④ 네 번째

70. 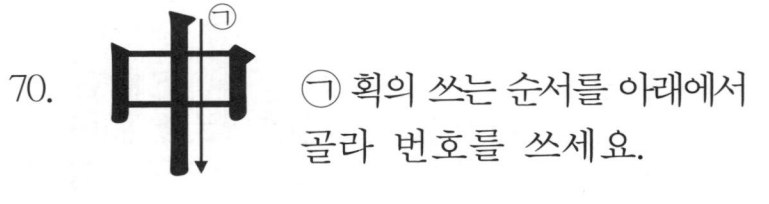 ㉠ 획의 쓰는 순서를 아래에서 골라 번호를 쓰세요.

① 첫 번째   ② 두 번째

③ 세 번째   ④ 네 번째

㈜한국어문회시행　　　　　　　　　　　　　수험생들에 의해 재생되었습니다.

1. [문제1~32] 다음 漢字語(한자어)의 讀音(독음)을 쓰세요.

```
< 보 기 >
漢字 → 한자
```

1. 弟子	2. 算數
3. 同時	4. 農村
5. 入金	6. 兄夫
7. 先祖	8. 敎育
9. 室長	10. 文學
11. 住所	12. 家世
13. 男便	14. 空軍
15. 不孝	16. 電車
17. 父母	18. 市內
19. 水草	20. 午後
21. 土地	22. 門前
23. 道場	24. 南西
25. 年間	26. 萬物
27. 洞口	28. 日記
29. 名答	30. 火食
31. 手話	32. 校歌

2. [문제33~52] 다음 漢字(한자)의 訓(훈:뜻)과 音(음:소리)을 쓰세요.

```
< 보 기 >
字 → 글자 자
```

33. 平	34. 事
35. 江	36. 外
37. 登	38. 全
39. 花	40. 直
41. 正	42. 姓
43. 命	44. 重
45. 活	46. 安
47. 寸	48. 面
49. 工	50. 自
51. 色	52. 出

3. [문제53~54] 다음 漢字(한자)의 상대 또는 반대 漢字(한자)를 〈보기〉에서 골라 그 번호를 쓰세요.

```
< 보 기 >
① 來　② 上　③ 秋　④ 川
```

53. 春 ↔ [　　　]　54. [　　　] ↔ 下

4. [문제55~56] 다음 漢字語(한자어)의 뜻을 쓰세요.

55. 植木

56. 靑天

5. [문제57~66] 다음 訓(훈:뜻)과 音(음:소리)에 맞는 漢字(한자)를 〈보기〉에서 골라 그 번호를 쓰세요.

< 보 기 >
① 邑　② 然　③ 旗　④ 方　⑤ 林
⑥ 足　⑦ 王　⑧ 東　⑨ 休　⑩ 有

57. 임금 왕　　　58. 고을 읍

59. 동녘 동　　　60. 있을 유

61. 그럴 연　　　62. 모 방

63. 수풀 림　　　64. 쉴 휴

65. 발 족　　　　66. 기 기

6. [문제67~68] 다음 문장에서 밑줄 친 단어의 漢字語(한자어)를 〈보기〉에서 골라 그 번호를 쓰세요.

< 보 기 >
① 左右　② 人海　③ 大川　④ 老少

67. 인산인해

68. 남녀노소

7. [문제69~70] 다음 물음에 답하세요.

69.  ㉠획의 쓰는 순서를 아래에서 골라 번호를 쓰세요.

① 첫 번째　　　② 두 번째
③ 세 번째　　　④ 네 번째

70.  ㉠획의 쓰는 순서를 아래에서 골라 번호를 쓰세요.

① 다섯 번째　　② 두 번째
③ 세 번째　　　④ 네 번째

㈜한국어문회시행   수험생들에 의해 재생되었습니다.

1. [문제1~32] 다음 漢字語(한자어)의 讀音(독음)을 쓰세요.

<보기>

漢字 → 한자

1. 主人	2. 平生
3. 入室	4. 正直
5. 每年	6. 有色
7. 東海	8. 文物
9. 天下	10. 百花
11. 江山	12. 後日
13. 孝子	14. 千萬
15. 男女	16. 國旗
17. 安全	18. 農夫
19. 自然	20. 空氣
21. 立春	22. 學校
23. 世間	24. 電工
25. 七夕	26. 內面
27. 祖上	28. 家門
29. 市長	30. 外食
31. 午前	32. 民心

2. [문제33~52] 다음 漢字(한자)의 訓(훈:뜻)과 音(음:소리)을 쓰세요.

<보기>

字 → 글자 자

33. 白	34. 方
35. 答	36. 時
37. 活	38. 命
39. 場	40. 歌
41. 話	42. 記
43. 里	44. 敎
45. 重	46. 夏
47. 便	48. 口
49. 邑	50. 動
51. 算	52. 登

3. [문제53~54] 다음 漢字(한자)의 상대 또는 반대 漢字(한자)를 <보기>에서 골라 그 번호를 쓰세요.

<보기>

① 洞   ② 足   ③ 南   ④ 右

53. 手 ↔ [   ]   54. 左 ↔ [   ]

4. [문제55~56] 다음 漢字語(한자어)의 뜻을 쓰세요.

55. 草木

56. 水中

5. [문제57~66] 다음 訓(훈:뜻)과 音(음:소리)에 맞는 漢字(한자)를 〈보기〉에서 골라 그 번호를 쓰세요.

< 보 기 >
① 同 ② 數 ③ 川 ④ 道 ⑤ 所
⑥ 力 ⑦ 育 ⑧ 休 ⑨ 村 ⑩ 車

57. 길 도   58. 기를 육
59. 힘 력   60. 수레 거
61. 마을 촌   62. 한가지 동
63. 내 천   64. 셈 수
65. 쉴 휴   66. 바 소

6. [문제67~68] 다음 문장에서 밑줄 친 단어의 漢字語(한자어)를 〈보기〉에서 골라 그 번호를 쓰세요.

< 보 기 >
① 兄弟 ② 老少 ③ 土地 ④ 秋冬

67. 집을 지을 만한 토지를 찾고 있다.
68. 이 음악은 노소가 다 즐긴다.

7. [문제69~70] 다음 물음에 답하세요.

69. 北 ㉠ 획의 쓰는 순서를 아래에서 골라 번호를 쓰세요.

① 두 번째   ② 세 번째
③ 네 번째   ④ 다섯 번째

70. 軍 ㉠ 획의 쓰는 순서를 아래에서 골라 번호를 쓰세요.

① 세 번째   ② 네 번째
③ 여덟 번째   ④ 아홉 번째

(社)한국어문회시행   수험생들에 의해 재생되었습니다.

1. [문제1~32] 다음 漢字語(한자어)의 讀音(독음)을 쓰세요.

<보기>
漢字 → 한자

1. 每日
2. 生活
3. 邑內
4. 草家
5. 里長
6. 白花
7. 市立
8. 空間
9. 直面
10. 旗手
11. 同姓
12. 命中
13. 出動
14. 植物
15. 入場
16. 名所
17. 登記
18. 夏時
19. 外來
20. 育林
21. 南北
22. 電氣
23. 東方
24. 事後
25. 自然
26. 休學
27. 世上
28. 老母
29. 秋夕
30. 不便
31. 心地
32. 正門

2. [문제33~52] 다음 漢字(한자)의 訓(훈:뜻)과 音(음:소리)을 쓰세요.

<보기>
字 → 글자 자

33. 少
34. 冬
35. 農
36. 校
37. 洞
38. 弟
39. 村
40. 敎
41. 算
42. 百
43. 軍
44. 色
45. 孝
46. 答
47. 全
48. 夫
49. 火
50. 足
51. 有
52. 西

3. [문제53~54] 다음 漢字(한자)의 상대 또는 반대 漢字(한자)를 <보기>에서 골라 그 번호를 쓰세요.

<보기>
① 天   ② 數   ③ 右   ④ 女

53. 男 ↔ [   ]   54. 左 ↔ [   ]

4. [문제55~56] 다음 漢字語(한자어)의 뜻을 쓰세요.

55. 食前
56. 海水

5. [문제57~66] 다음 訓(훈:뜻)과 音(음:소리)에 맞는 漢字(한자)를 〈보기〉에서 골라 그 번호를 쓰세요.

< 보 기 >

① 祖 ② 話 ③ 道 ④ 午 ⑤ 歌
⑥ 住 ⑦ 室 ⑧ 寸 ⑨ 民 ⑩ 重

57. 살 주   58. 말씀 화

59. 길 도   60. 낮 오

61. 할아비 조   62. 백성 민

63. 마디 촌   64. 무거울 중

65. 노래 가   66. 집 실

6. [문제67~68] 다음 문장에서 밑줄 친 단어의 漢字語(한자어)를 〈보기〉에서 골라 그 번호를 쓰세요.

< 보 기 >

① 萬年 ② 靑春 ③ 江山 ④ 大川

67. 팔도<u>강산</u>

68. 이팔<u>청춘</u>

7. [문제69~70] 다음 漢字(한자)의 ㉠획은 몇 번째 쓰는지 〈보기〉에서 찾아 그 번호를 쓰세요. (화살표는 ㉠획의 위치와 더불어 획을 긋는 방향을 나타냅니다.

< 보 기 >

① 첫 번째   ② 두 번째
③ 세 번째   ④ 네 번째
⑤ 다섯 번째   ⑥ 여섯 번째
⑦ 일곱 번째

69.

70.

(社)한국어문회시행   수험생들에 의해 재생되었습니다.

1. [문제1~32] 다음 漢字語(한자어)의 讀音(독음)을 쓰세요.

<보기>
漢字 → 한자

1. 市立	2. 王室
3. 萬全	4. 空軍
5. 命中	6. 電工
7. 生活	8. 先後
9. 記名	10. 場所
11. 植物	12. 面前
13. 安住	14. 正答
15. 大氣	16. 自重
17. 百方	18. 白花
19. 小食	20. 兄弟
21. 下校	22. 男便
23. 寸數	24. 洞里
25. 手足	26. 農家
27. 外人	28. 有事
29. 同門	30. 世上
31. 靑春	32. 每年

2. [문제33~52] 다음 漢字(한자)의 訓(훈:뜻)과 音(음:소리)을 쓰세요.

<보기>
字 → 글자 자

33. 夕	34. 主
35. 少	36. 祖
37. 休	38. 心
39. 孝	40. 長
41. 老	42. 然
43. 來	44. 旗
45. 時	46. 動
47. 口	48. 林
49. 子	50. 夫
51. 話	52. 歌

3. [문제53~54] 다음 漢字(한자)의 상대 또는 반대 漢字(한자)를 <보기>에서 골라 그 번호를 쓰세요.

<보기>
① 左   ② 地   ③ 川   ④ 出

53. 天 ↔ [   ]   54. [   ] ↔ 入

4. [문제55~56] 다음 漢字語(한자어)의 뜻을 쓰세요.

55. 登山

56. 月色

5. [문제57~66] 다음 訓(훈:뜻)과 音(음:소리)에 맞는 漢字(한자)를 〈보기〉에서 골라 그 번호를 쓰세요.

< 보 기 >
① 夏 ② 不 ③ 算 ④ 道 ⑤ 冬
⑥ 姓 ⑦ 直 ⑧ 草 ⑨ 村 ⑩ 育

57. 풀 초　　　　　58. 여름 하

59. 마을 촌　　　　60. 아닐 불

61. 곧을 직　　　　62. 셈 산

63. 기를 육　　　　64. 겨울 동

65. 성 성　　　　　66. 길 도

6. [문제67~68] 다음 문장에서 밑줄 친 단어의 漢字語(한자어)를 〈보기〉에서 골라 그 번호를 쓰세요.

< 보 기 >
① 千秋 ② 三間 ③ 海女 ④ 邑內

67. 아버지는 읍내에 가셨다.

68. 초가삼간에서 하룻밤을 지냈다.

7. [문제69~70] 다음 漢字(한자)의 ㉠획은 몇 번째 쓰는지 〈보기〉에서 찾아 그 번호를 쓰세요. (화살표는 ㉠획의 위치와 더불어 획을 긋는 방향을 나타냅니다.

< 보 기 >
① 첫 번째　　② 두 번째
③ 세 번째　　④ 네 번째
⑤ 다섯 번째　⑥ 여섯 번째
⑦ 일곱 번째

69.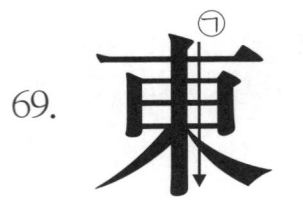

70.

㈜한국어문회시행

수험생들에 의해 재생되었습니다.

[문제 1~32] 다음 밑줄 친 漢字語(한자어)의 音(음)을 쓰세요.

<보기> : 漢字 → 한자

(1) 아이를 찾아 百方으로 돌아다녔습니다.

(2) 예전에는 便所가 집밖에 있었습니다.

(3) 그는 불현듯 초조감과 不安을 느꼈습니다.

(4) 이번 선거는 民主적으로 치러졌습니다.

(5) 지구의 기온이 每年 상승하고 있습니다.

(6) 몇 년 사이에 世上이 많이 변했습니다.

(7) 洞里 꼬마들이 썰매를 타고 있습니다.

(8) 순희는 答紙를 백지로 제출하였습니다.

(9) 겨울철 間食은 군고구마가 최고입니다.

(10) 우리는 少數의 의견을 존중해야 합니다.

(11) 대표들이 校旗를 들고 입장하였습니다.

(12) 나는 手話로 의사 표현을 했습니다.

(13) 아파트 工事가 진행되고 있습니다.

(14) 그는 모든 것이 天下태평입니다.

(15) 왜 空然한 걱정을 하는지 모르겠습니다.

(16) 경찰이 家出한 아이를 집으로
돌려보냈습니다.

(17) 登山하는 것은 건강에 좋습니다.

(18) 사람들은 市長의 연설에 감동했습니다.

(19) 군인들이 기운차게 軍歌를 부릅니다.

(20) 내 방은 東南쪽으로 문이 있습니다.

(21) 다리를 다쳐서 活動이 어렵습니다.

(22) 先王의 조카를 새 왕으로 옹립했습니다.

(23) 일어나니 正午에 가까운 시간이었습니다.

(24) 그는 休日이면 항상 늦잠을 잡니다.

(25) 인간은 萬物의 영장입니다.

(26) 우리 집 승용차는 金色입니다.

(27) 이순신 장군은 배의 이름을 거북선이라고
命名했습니다.

(28) 아빠 同門이 우리 집에 오셨습니다.

(29) 우리는 집의 평수를 記入했습니다.

(30) 할머니는 老後를 편안히 보내십니다.

(31) 연기로 氣道가 막혀서 숨을 쉴 수가 없습니다.

(32) 그런 일을 面前에서 말하기는 거북합니다.

[문제 33~52] 다음 漢字(한자)의 訓(훈:뜻)과 音(음:소리)을 쓰세요.

<보기> : 字 → 글자 자

33. 花   34. 冬

35. 住   36. 室

37. 姓   38. 右

39. 母   40. 村

41. 左   42. 足

43. 地   44. 夏

45. 算   46. 邑

47. 來   48. 重

49. 植   50. 祖

51. 小   52. 有

[문제 53~54] 다음 밑줄 친 단어의 漢字語한자어를 〈보기〉에서 골라 그 번호를 쓰세요.

< 보 기 >

① 電車 ② 父子 ③ 農場 ④ 敎人

(53) <u>농장</u>에서 소들이 풀을 뜯습니다.

(54) 기찻길에는 <u>전차</u>가 땡땡 종을 울리며 지나갑니다.

[문제 55~64] 다음 訓(훈:뜻)과 音(음:소리)에 맞는 漢字한자를 보기에서 골라 그 번호를 쓰세요.

< 보 기 >

① 靑 ② 育 ③ 寸 ④ 弟 ⑤ 男
⑥ 夕 ⑦ 江 ⑧ 西 ⑨ 心 ⑩ 時

(55) 저녁 석
(56) 서녘 서
(57) 때 시
(58) 사내 남
(59) 푸를 청
(60) 마음 심
(61) 아우 제
(62) 기를 육
(63) 마디 촌
(64) 강 강

[문제 65~66] 다음 漢字한자의 상대 또는 반대되는 漢字한자를 〈보기〉에서 골라 그 번호를 쓰세요.

< 보 기 >

① 外 ② 直 ③ 孝 ④ 秋

(65) 春 ↔ (   )
(66) 內 ↔ (   )

[문제 67~68] 다음 漢字語한자어의 뜻을 쓰세요.

(67) 自立

(68) 海水

[문제 69~70] 다음 漢字한자의 진하게 표시한 획은 몇 번째 쓰는지 〈보기〉에서 찾아 그 번호를 쓰세요.

< 보 기 >

① 첫 번째   ② 두 번째
③ 세 번째   ④ 네 번째
⑤ 다섯 번째 ⑥ 여섯 번째

(69)

(70)

[문제 1~32] 다음 밑줄 친 漢字語(한자어)의 音(음:소리)을 쓰세요.

<보기> : 漢字 → 한자

(1) 저는 다리가 不便해서 좀 앉겠습니다.

(2) 그는 매우 광범위한 사회 活動을 하고 있습니다.

(3) 그는 훌륭한 양반 家門에서 태어 났습니다.

(4) 양친 부모 모셔다가 千年만년 살고 지고.

(5) 立夏부터 여름이 시작됩니다.

(6) 자연환경은 後世에게 물려줄 인류의 재산입니다.

(7) 내 조카는 兄夫를 완전히 닮았습니다.

(8) 海女들이 잠수할 때마다 꼬르륵하는 소리가 납니다.

(9) 심청은 孝心이 지극합니다.

(10) 이 박물관은 休日에만 일반 시민에게 개방됩니다.

(11) 조선 시대에는 平民은 양반에게 경어를 썼습니다.

(12) 우리 학교는 學內의 자동차 진입을 금합니다.

(13) 아이들에게 間食을 골고루 나누어 줍니다.

(14) 새는 空中을 향해 날아오르기 시작하였습니다.

(15) 그는 취미로 花草를 기르고 있습니다.

(16) 이 植物은 추위를 잘 견딥니다.

(17) 농민이 土地를 좋아하는 것은 당연한 것이다.

(18) 지하 車道 두 곳이 폐쇄돼 통행할 수 없습니다.

(19) 이번 秋夕에는 고향으로 내려가지 못했습니다

(20) 天安은 호두과자가 유명합니다.

(21) 이곳은 農村이나 다름이 없습니다.

(22) 아까운 靑春을 어영부영 보내면 안 됩니다.

(23) 그는 외가가 있는 시골에서 出生했습니다.

(24) 길동은 아버지께 下直을 고하고 물러 나왔습니다.

(25) 그는 노래를 좋아하여 아이돌 歌手가 되었습니다.

(26) 친구에게 보낸 편지가 住所 불명으로 반송되었습니다.

(27) 학생들이 白紙에다 낙서를 합니다.

(28) 아들을 깨워서 登校 준비를 시킵니다.

(29) 텃밭에서 기른 야채를 市場에 내다 팝니다.

(30) 사람들로부터 外面당하고 있어 외롭습니다.

(31) 그들은 祖國의 통일을 위해 노력하였습니다.

(32) 예전에는 王命이 절대적이었습니다.

[문제 33~52] 다음 漢字(한자)의 訓(훈:뜻)과 音(음:소리)을 쓰세요.

<보기> : 字 → 글자 자

33. 旗   34. 川

35. 色   36. 右

37. 敎   38. 邑

39. 記   40. 室

41. 東   42. 父

43. 來   44. 南

45. 軍   46. 寸

47. 工   48. 萬

49. 洞   50. 育

51. 弟   52. 算

[문제 53~54] 다음 밑줄 친 단어의 漢字語한자어를 <보기>에서 골라 그 번호를 쓰세요.

< 보 기 >
① 電氣 ② 男子 ③ 長足 ④ 自然

(53) 전기가 나갔지만 밝은 달밤이라 집 안이 훤하다.

(54) 이 섬은 아름다운 자연을 가지고 있어서 관광객이 많이 찾는다.

[문제 55~64] 다음 訓(훈:뜻)과 音(음:소리)에 맞는 漢字한자를 보기에서 골라 그 번호를 쓰세요.

< 보 기 >
① 話 ② 母 ③ 有 ④ 時 ⑤ 姓
⑥ 冬 ⑦ 午 ⑧ 重 ⑨ 百 ⑩ 林

(55) 일백 백   (56) 있을 유

(57) 성 성   (58) 때 시

(59) 겨울 동   (60) 낮 오

(61) 어미 모   (62) 수풀 림

(63) 말씀 화   (64) 무거울 중

[문제 65~66] 다음 漢字한자의 상대 또는 반대되는 漢字한자를 <보기>에서 골라 그 번호를 쓰세요.

< 보 기 >
① 事   ② 先   ③ 少   ④ 問

(65) 老 ↔ (   )

(66) (   ) ↔ 答

[문제 67~68] 다음 漢字語한자어의 뜻을 쓰세요.

(67) 同名

(68) 前年

[문제 69~70] 다음 漢字한자의 진하게 표시한 획은 몇 번째 쓰는지 <보기>에서 찾아 그 번호를 쓰세요.

< 보 기 >
① 첫 번째   ② 두 번째
③ 세 번째   ④ 네 번째
⑤ 다섯 번째   ⑥ 여섯 번째
⑦ 일곱 번째   ⑧ 여덟 번째
⑨ 아홉 번째   ⑩ 열 번째

(69)

(70)

[문제 1~20] 다음 漢字(한자)의 訓(훈:뜻)과 音(음:소리)을 쓰세요.

<보기> : 字 → 글자 자

(1) 冬 　　　　　(2) 來

(3) 面 　　　　　(4) 韓

(5) 時 　　　　　(6) 算

(7) 語 　　　　　(8) 老

(9) 夕 　　　　　(10) 主

(11) 重 　　　　　(12) 地

(13) 記 　　　　　(14) 氣

(15) 室 　　　　　(16) 邑

(17) 直 　　　　　(18) 命

(19) 里 　　　　　(20) 旗

[문제 21~52] 다음 밑줄 친 漢字語(한자어)의 音(음:소리)을 쓰세요.

<보기> : 漢字 → 한자

(21) 車道를 건널 때는 조심합시다.

(22) 電話벨이 울렸습니다.

(23) 洞口밖 과수원길.

(24) 이모는 아름다운 靑春이라고 말했습니다.

(25) 山林 자원이 풍부한 우리나라.

(26) 우리 海軍이 자랑스러워요.

(27) 아주 좁은 空間이 있네요.

(28) 아, 江村에 살고 싶어요.

(29) 영희 아버지는 아파트 관리 所長입니다.

(30) 休日에 할아버지 댁에 갔습니다.

(31) 의좋은 兄弟의 얘기를 읽었습니다.

(32) 친구에게 便紙를 썼습니다.

(33) 出國하기 위해 공항으로 갔습니다.

(34) 할아버지는 農夫이십니다.

(35) 신부가 예식장에 入場하였습니다.

(36) 세종대왕께서 한글 文字를 만드셨지요.

(37) 우리는 敎育을 받고 있지요.

(38) 數學 문제를 풀기 좋아합니다.

(39) 自然보호는 아주 중요합니다.

(40) 삼촌은 前方 부대에서 근무했습니다.

(41) 여왕은 百姓을 사랑하였습니다.

(42) 한해살이 植物은 어떤 것이 있나요?

(43) 男女 선수가 함께 경기를 합니다.

(44) 安心하고 따라오세요.

(45) 우리는 校歌를 힘차게 불렀습니다.

(46) 건물에는 白色 깃발이 펄럭입니다.

(47) 同名이인이 무슨 뜻인가요?

(48) 우리 가족은 外食하러 갔습니다.

(49) 주인공은 家門의 명예를 드높였습니다.

(50) 每年 풍년이 들면 좋겠지요.

(51) 할아버지는 平生 정직하게 사셨습니다.

(52) 住民 센터가 저기 보입니다.

[문제 53~62] 다음 訓(훈:뜻)과 音(음:소리)에 맞는 漢字한자를 보기에서 골라 그 번호를 쓰세요.

< 보 기 >

① 事 ② 活 ③ 夏 ④ 南 ⑤ 川
⑥ 草 ⑦ 千 ⑧ 孝 ⑨ 動 ⑩ 秋

(53) 내 천

(54) 일천 천

(55) 가을 추

(56) 풀 초

(57) 여름 하

(58) 효도 효

(59) 살 활

(60) 일 사

(61) 움직일 동

(62) 남녘 남

[문제 63~64] 다음 밑줄 친 구절의 뜻에 가장 가까운 漢字語한자어를 〈보기〉에서 골라 그 번호를 쓰세요.

< 보 기 >

① 白紙 ② 祖父母 ③ 先祖 ④ 生命水

(63) 하얀 종이 위에 그림을 그렸다. [   ]

(64) 시골에 할아버지와 할머니가 살고 계신다. [   ]

[문제 65~66] 다음 漢字한자의 상대 또는 반대되는 漢字한자를 〈보기〉에서 골라 그 번호를 쓰세요.

< 보 기 >

① 老 ② 間 ③ 大 ④ 答

(65) (   ) ↔ 少

(66) 問 ↔ (   )

[문제 67~68] 다음 밑줄친 漢字語한자어의 뜻을 쓰세요.

(67) 食後에 이 약을 드세요.

[   ]

(68) 동생은 入學하였습니다.

[   ]

[문제 69~70] 다음 漢字한자의 진하게 표시한 획은 몇 번째 쓰는지 〈보기〉에서 찾아 그 번호를 쓰세요.

< 보 기 >

① 첫 번째   ② 두 번째
③ 세 번째   ④ 네 번째
⑤ 다섯 번째   ⑥ 여섯 번째
⑦ 일곱 번째   ⑧ 여덟 번째
⑨ 아홉 번째   ⑩ 열 번째
⑪ 열한 번째   ⑫ 열두 번째

(69) 時

(70) 語

제1회 예상문제

1. 화초 2. 백지 3. 사물 4. 내일 5. 시간 6. 대한 7. 평생 8. 초가 9. 전공 10. 입학 11. 시립 12. 수화 13. 주식 14. 좌우 15. 수초 16. 청기 17. 군인 18. 등교 19. 소중 20. 생명 21. 천명 22. 정직 23. 유명 24. 매월 25. 선생 26. 교육 27. 국가 28. 지명 29. 전력 30. 수도 31. 활기 32. 백성 33. 한나라한 34. 가르칠교 35. 일백백 36. 백성민 37. 가운데중 38. 할아비조 39. 강강 40. 내천 41. 사내남 42. 지아비부 43. 아닐불 44. 앞전 45. 여덟팔 46. 이름명 47. 수풀림 48. 집가 49. 셈수 50. 주인주 51. 물을문 52. 문문 53. ② 54. ① 55. ⑩ 56. ⑦ 57. ⑨ 58. ⑧ 59. ⑥ 60. ⑤ 61. ② 62. ③ 63. ① 64. ④ 65. 같은성 66. 외국(국외) 67. ③ 68. ② 69. ② 70. ②

제2회 예상문제

1. 농부 2. 편지 3. 천만 4. 국왕 5. 중립 6. 화차 7. 농촌 8. 육림 9. 식사 10. 장소 11. 청산 12. 식전 13. 주상 14. 동서 15. 천연 16. 전면 17. 휴학 18. 편안 19. 도인 20. 가문 21. 중대 22. 소녀 23. 대학 24. 장남 25. 왕가 26. 불효 27. 인편 28. 내실 29. 대도 30. 강남 31. 외식 32. 인력 33. 날출 34. 오를등 35. 바다해 36. 뒤후 37. 봄춘 38. 셈산 39. 여섯륙 40. 북녘북 41. 적을소 42. 고을읍 43. 곧을직 44. 기록할기 45. 글월문 46. 번개전 47. 큰대 48. 입구 49. 있을유 50. 푸를청 51. 물수 52. 낮면 53. ④ 54. ① 55. ⑤ 56. ⑥ 57. ⑨ 58. ⑧ 59. ⑩ 60. ⑦ 61. ② 62. ③ 63. ④ 64. ① 65. 차가 다니는 길 66. 스스로 움직임 67. ② 68. ④ 69. ④ 70. ④

제3회 예상문제

1. 주동 2. 내년 3. 면장 4. 해수 5. 동성 6. 중식 7. 문학 8. 모자 9. 기력 10. 백방 11. 부형 12. 색지 13. 출생 14. 하차 15. 월출 16. 조상 17. 남방 18. 휴교 19. 효심 20. 문물 21. 교가 22. 대동 23. 등장 24. 자립 25. 군가 26. 농민 27. 중력 28. 자주 29. 시장 30. 수학 31. 춘색 32. 국민 33. 노래가 34. 낮오 35. 쇠금 36. 작을소 37. 종이지 38. 편할편 39. 때시 40. 꽃화 41. 달월 42. 여름하 43. 임금왕 44. 마당장 45. 동녘동 46. 매양매 47. 편안안 48. 대답답 49. 길도 50. 온전전 51. 모방 52. 가을추 53. ③ 54. ② 55. ⑤ 56. ① 57. ⑨ 58. ⑩ 59. ⑧ 60. ⑦ 61. ② 62. ④ 63. ③ 64. ⑥ 65. 농사짓는 백성 66. 금년의 다음해 67. ③ 68. ① 69. ① 70. ④

제4회 예상문제

1. 농토 2. 전차 3. 남편 4. 농지 5. 인기 6. 농심 7. 남문 8. 명물 9. 휴일 10. 동생 11. 청색 12. 남녀 13. 답지 14. 변소 15. 출가 16. 식목 17. 도립 18. 입동 19. 전군 20. 동구 21. 한강 22. 공사 23. 기사 24. 만물 25. 입장 26. 입실 27. 동천 28. 명답 29. 매년 30. 동수 31. 내면 32. 한국 33. 살활 34. 들입 35. 마디촌 36. 어미모 37. 저자시 38. 메산 39. 한국한 40. 골동 41. 무거울중 42. 바깥외 43. 나라국 44. 힘력 45. 한가지동 46. 발족 47. 밥식 48. 그럴연 49. 안내 50. 올래 51. 두이 52. 배울학 53. ③ 54. ④ 55. ④ 56. ① 57. ③ 58. ⑤ 59. ⑥ 60. ⑨ 61. ⑩ 62. ⑦ 63. ③ 64. ② 65. 효성스런 마음 66. 늙은이와 젊은이 67. ④ 68. ② 69. ⑤ 70. ③

제5회 예상문제

1. 노인 2. 수천 3. 삼한 4. 노모 5. 입춘 6. 교기 7. 부왕 8. 자족 9. 소읍 10. 천기 11. 전화 12. 시민 13. 추석 14. 읍촌 15. 문교 16. 농사 17. 명문 18. 외가 19. 평안 20. 안주 21. 장면 22. 학교 23. 중간 24. 국군 25. 왕도 26. 차주 27. 선산 28. 시장 29. 해외 30. 하교 31. 내세 32. 오전 33. 살활 34. 아홉구 35. 왼좌 36. 저녁석 37. 석삼 38. 사이간 39. 손수 40. 쉴휴 41. 길도 42. 나무목 43. 기록할기 44. 남녘남 45. 가르칠교 46. 오른쪽우 47. 계집녀 48. 저자시 49. 흙토 50. 바다해 51. 빌공 52. 수풀림 53. ④ 54. ① 55. ⑧ 56. ⑨ 57. ⑦ 58. ⑩ 59. ⑥ 60. ⑤ 61. ④ 62. ① 63. ② 64. ③ 65. 우리나라 동쪽의 바다 66. 묻고 답함 67. ② 68. ③ 69. ② 70. ④

제6회 예상문제

1. 군기 2. 동력 3. 만사 4. 생활 5. 매일 6. 전기 7. 대왕 8. 매시 9. 장강 10. 수일 11. 생육 12. 자문 13. 불평 14. 국가 15. 부모 16. 전방 17. 오후 18. 실내 19. 수족 20. 춘추 21. 주소 22. 국기 23. 왕립 24. 공기 25. 대문 26. 동리 27. 부정 28. 초목 29. 차도 30. 공장 31. 식물 32. 활력 33. 효도효 34. 마음심 35. 아들자 36. 바소 37. 일곱칠 38. 사이간 39. 학교교 40. 풀초 41. 일사 42. 심을식 43. 서녘서 44. 목숨명 45. 아우제 46. 성성 47. 불화 48. 사람인 49. 윗상 50. 군사군 51. 기기 52. 살주 53. ① 54. ④ 55. ⑥ 56. ⑨ 57. ⑧ 58. ⑦ 59. ⑩ 60. ⑤ 61. ④ 62. ① 63. ② 64. ③ 65. 남쪽에 있는 문 66. 살아있는 꽃 67. ① 68. ④ 69. ④ 70. ①

제7회 예상문제

1. 강촌 2. 성명 3. 산출 4. 안전 5. 서해 6. 장자 7. 토지 8. 남북 9. 십리 10. 남산 11. 가수 12. 효자 13. 자동 14. 석식 15. 읍면 16. 후세 17. 세상 18. 자연 19. 외래 20. 활동 21. 교생 22. 형제 23. 해리 24. 외식 25. 수기 26. 지면 27. 동장 28. 직전 29. 노년 30. 불편 31. 천지 32. 촌민 33. 땅지 34. 해년 35. 바를정 36. 움직일동 37. 형형 38. 마을촌 39. 기를육 40. 말씀화 41. 수레거/차 42. 기운기 43. 오른우 44. 날일 45. 일천천 46. 긴장 47. 인간세 48. 살주 49. 겨울동 50. 일만만 51. 물건물 52. 마을리 53. ① 54. ③ 55. ④ 56. ⑤ 57. ⑥ 58. ⑨ 59. ⑦ 60. ⑧ 61. ① 62. ② 63. ⑩ 64. ③ 65. 살고 있는 곳의 번지수 66. 학교를 상징하는 노래 67. ① 68. ③ 69. ⑧ 70. ④

제8회 예상문제

1. 문답 2. 사방 3. 효도 4. 외출 5. 남해 6. 모국 7. 동물 8. 가도 9. 동해 10. 선조 11. 산수 12. 목화 13. 주민 14. 정도 15. 전력 16. 교실 17. 촌부 18. 지방 19. 노소 20. 군사 21. 형부 22. 공간 23. 부족 24. 공중 25. 읍내 26. 내외 27. 농림 28. 전동 29. 생화 30. 북해 31. 백기 32. 효녀 33. 늙을로 34. 다섯오 35. 날생 36. 글자자 37. 넉사 38. 설립 39. 아래하 40. 하늘천 41. 스스로자 42. 아비부 43. 먼저선 44. 집실 45. 장인공 46. 농사농 47. 평평할평 48. 빛색 49. 말씀어 50. 사이간 51. 쉴휴 52. 흰백 53. ① 54. ② 55. ④ 56. ⑩ 57. ⑧ 58. ⑨ 59. ⑦ 60. ① 61. ② 62. ③ 63. ⑤ 64. ⑥ 65. 볏짚으로 지붕을 덮은 집 66. 태어남 67. ① 68. ② 69. ⑥ 70. ①

제9회 예상문제

1. 화초 2. 청색 3. 화산 4. 삼월 5. 수학 6. 정답 7. 만물 8. 생가 9. 교육 10. 매일 11. 천금 12. 효자 13. 휴교 14. 지면 15. 직립 16. 공장 17. 활기 18. 식수 19. 식목 20. 실내 21. 조부 22. 추석 23. 가수 24. 오후 25. 평시 26. 연간 27. 농토 28. 주민 29. 자력 30. 주인 31. 안전 32. 형부 33. 셈산 34. 동녘동 35. 성성 36. 하늘천 37. 그럴연 38. 바깥외 39. 왼좌 40. 목숨명 41. 길도 42. 수풀림 43. 저자시 44. 바다해 45. 마을촌 46. 강강 47. 앞전 48. 빌공 49. 움직일동 50. 오를/오른(쪽)우 51. 인간세 52. 일사 53. ④ 54. ① 55. ⑤ 56. ⑥ 57. ④ 58. ⑧ 59. ③ 60. ② 61. ⑨ 62. ① 63. ⑦ 64. ⑩ 65. ① 66. ④ 67. 같은이름 68. 땅위 69. ⑧ 70. ⑥

제10회 예상문제

1. 선조 2. 이장 3. 등교 4. 생전 5. 자동 6. 세상 7. 기사 8. 한강 9. 농촌 10. 시민 11. 전산 12. 동학 13. 백성 14. 천연 15. 좌수 16. 좌수 17. 명중 18. 식도 19. 산림 20. 교육 21. 출구 22. 입주 23. 초지 24. 제자 25. 백지 26. 노년 27. 활력 28. 대군 29. 청춘 30. 내일 31. 소유 32. 평면 33. 기기 34. 일곱칠 35. 일천천 36. 내천 37. 주인주/임금주 38. 안내 39. 장인공 40. 쉴휴 41. 적을소 42. 집가 43. 서녘서 44. 꽃화 45. 고을동 46. 맏/형형 47. 사이간 48. 아비부 49. 나무목 50. 기운기 51. 고을읍 52. 북녘북 53. ④ 54. ① 55. ⑧ 56. ⑥ 57. ⑩ 58. ⑤ 59. ⑦ 60. ④ 61. ② 62. ③ 63. ⑨ 64. ① 65. ④ 66. ③ 67. 어머니와 딸 68. 편안한 마음 69. ⑧ 70. ⑧

기출·예상문제 정답

제1회 기출·예상문제

1. 전화 2. 매사 3. 주민 4. 효도 5. 일기 6. 식수 7. 목화 8. 교가 9. 시립 10. 만전 11. 청색 12. 산출 13. 조부 14. 백성 15. 평년 16. 남편 17. 명답 18. 장면 19. 가장 20. 동리 21. 남북 22. 지방 23. 소유 24. 선후 25. 시공 26. 노소 27. 자중 28. 좌우 29. 정직 30. 등기 31. 명중 32. 생활 33. 마을촌 34. 올래 35. 형형 36. 풀초 37. 셈수 38. 발족 39. 한가지동 40. 군사군 41. 고을읍 42. 심을식 43. 쉴휴 44. 임금왕 45. 그럴연 46. 바깥외 47. 종이지 48. 기기 49. 낮오 50. 수풀림 51. 아우제 52. 저녁석 53. ② 54. ③ 55. 문앞 56. 집안, 건물안 57. ⑤ 58. ⑩ 59. ⑧ 60. ⑦ 61. ① 62. ⑥ 63. ② 64. ④ 65. ③ 66. ⑨ 67. ③ 68. ① 69. ③ 70. ①

제2회 기출·예상문제

1. 정답 2. 활력 3. 자연 4. 일기 5. 장소 6. 공백 7. 선조 8. 교화 9. 전화 10. 군기 11. 시간 12. 성명 13. 시장 14. 만사 15. 형제 16. 효자 17. 수학 18. 평면 19. 매년 20. 문민 21. 생물 22. 남녀 23. 수하 24. 가문 25. 세상 26. 심산 27. 교실 28. 안전 29. 삼중 30. 식물 31. 동리 32. 백방 33. 살주 34. 바다해 35. 날출 36. 마디촌 37. 목숨명 38. 겨울동 39. 기를육 40. 지아비부 41. 오른쪽우 42. 낮오 43. 봄춘 44. 앞전 45. 길도 46. 있을유 47. 하늘천 48. 고을읍 49. 편할편 50. 가을추 51. 종이지 52. 빛색 53. ① 54. ④ 55. 농사짓는 땅 56. 산에 오름 57. ⑨ 58. ⑤ 59. ② 60. ⑧ 61. ⑥ 62. ① 63. ④ 64. ⑩ 65. ⑦ 66. ③ 67. ③ 68. ④ 69. ① 70. ④

제3회 기출·예상문제

1. 제자 2. 산수 3. 동시 4. 농촌 5. 입금 6. 형부 7. 선조 8. 교육 9. 실장 10. 문학 11. 주소 12. 가세 13. 남편 14. 공군 15. 불효 16. 전차 17. 부모 18. 시내 19. 수초 20. 오후 21. 토지 22. 문전 23. 도장 24. 서남 25. 연간 26. 만물 27. 동구 28. 일기 29. 명답 30. 화식 31. 수화 32. 교가 33. 평평할평 34. 일사 35. 강강 36. 바깥외 37. 오를등 38. 온전전 39. 꽃화 40. 곧을직 41. 바를정 42. 성성 43. 목숨명 44. 무거울중 45. 살활 46. 편안안 47. 마디촌 48. 낮면 49. 장인공 50. 스스로자 51. 빛색 52. 날출 53. ③ 54. ② 55. 나무를 심음 56. 푸른하늘 57. ⑦ 58. ① 59. ⑧ 60. ⑩ 61. ② 62. ④ 63. ⑤ 64. ⑨ 65. ⑥ 66. ③ 67. ② 68. ④ 69. ② 70. ①

제4회 기출·예상문제

1. 주인 2. 평생 3. 입실 4. 정직 5. 매년 6. 유색 7. 동해 8. 문물 9. 천하 10. 백화 11. 강산 12. 후일 13. 효자 14. 천만 15. 남녀 16. 국기 17. 안전 18. 농부 19. 자연 20. 공기 21. 입춘 22. 학교 23. 세간 24. 전공 25. 칠석 26. 내면 27. 조상 28. 가문 29. 시장 30. 외식 31. 오전 32. 민심 33. 흰백 34. 모방 35. 대답답 36. 때시 37. 살활 38. 목숨명 39. 마당장 40. 노래가 41. 말씀화 42. 기록할기 43. 마을리 44. 가르칠교 45. 무거울중 46. 여름하 47. 편할편 48. 입구 49. 고을읍 50. 움직일동 51. 셈산 52. 오를등 53. ② 54. ④ 55. 풀과나무 56. 물속 57. ④ 58. ⑦ 59. ⑥ 60. ⑩ 61. ⑨ 62. ① 63. ③ 64. ② 65. ⑧ 66. ⑤ 67. ③ 68. ② 69. ④ 70. ④

제5회 기출·예상문제

1. 매일 2. 생활 3. 읍내 4. 초가 5. 이장 6. 백화 7. 시립 8. 공간 9. 직면 10. 기수 11. 동성 12. 명중 13. 출동 14. 식물 15. 입장 16. 명소 17. 등기 18. 하시 19. 외래 20. 육림 21. 남북 22. 전기 23. 동방 24. 사후 25. 자연 26. 휴학 27. 세상 28. 노모 29. 추석 30. 불편 31. 심지 32. 정문 33. 적을소 34. 겨울동 35. 농사농 36. 학교교 37. 골동 38. 아우제 39. 마을촌 40. 가르칠교 41. 셈산 42. 일백백 43. 군사군 44. 빛색 45. 효도효 46. 대답답 47. 온전전 48. 지아비부 49. 불화 50. 발족 51. 있을유 52. 서녘서 53. ④ 54. ③ 55. 식사하기전 56. 바닷물 57. ⑥ 58. ② 59. ③ 60. ④ 61. ① 62. ⑨ 63. ⑧ 64. ⑩ 65. ⑤ 66. ⑦ 67. ③ 68. ② 69. ④ 70. ⑤

제6회 기출·예상문제

1. 시립 2. 왕실 3. 만전 4. 공군 5. 명중 6. 전공 7. 생활 8. 선후 9. 기명 10. 장소 11. 식물 12. 면전 13. 안주 14. 정답 15. 대기 16. 자중 17. 백방 18. 백화 19. 소식 20. 형제 21. 하교 22. 남편 23. 촌수 24. 동리 25. 수족 26. 농가 27. 외인 28. 유사 29. 동문 30. 세상 31. 청춘 32. 매년 33. 저녁석 34. 주인주 35. 적을소 36. 할아비조 37. 쉴휴 38. 마음심 39. 효도효 40. 긴장 41. 늙을로 42. 그럴연 43. 올래 44. 기기 45. 때시 46. 움직일동 47. 입구 48. 수풀림 49. 아들자 50. 지아비부 51. 말씀화 52. 노래가 53. ② 54. ④ 55. 산에 오름 56. 달빛 57. ⑧ 58. ① 59. ⑨ 60. ② 61. ⑦ 62. ③ 63. ⑩ 64. ⑤ 65. ⑥ 66. ④ 67. ④ 68. ② 69. ⑥ 70. ④

제7회 기출·예상문제

1. 백방 2. 변소 3. 불안 4. 민주 5. 매년 6. 세상 7. 동리 8. 답지 9. 간식 10. 소수 11. 교기 12. 수화 13. 공사 14. 천하 15. 공연 16. 가출 17. 등산 18. 시장 19. 군가 20. 동남 21. 활동 22. 선왕 23. 정오 24. 휴일 25. 만물 26. 금색 27. 명명 28. 동문 29. 기입 30. 노후 31. 기도 32. 면전 33. 꽃 화 34. 겨울 동 35. 살 주 36. 집 실 37. 성 성 38. 오른 우 39. 어미 모 40. 마을 촌 41. 왼 좌 42. 발 족 43. 따/땅 지 44. 여름 하 45. 셈 산 46. 고을 읍 47. 올 래 48. 무거울 중 49. 심을 식 50. 할아비 조 51. 작을 소 52. 있을 유 53. ③ 農場 54. ① 電車 55. ⑥ 夕 56. ⑧ 西 57. ⑩ 時 58. ⑤ 男 59. ① 靑 60. ⑨ 心 61. ④ 弟 62. ② 育 63. ③ 寸 64. ⑦ 江 65. ④ 秋 66. ① 外 67. 스스로(홀로)섬 68. 바닷물 69. ② 70. ④

제8회 기출·예상문제

1. 불편 2. 활동 3. 가문 4. 천년 5. 입하 6. 후세 7. 형부 8. 해녀 9. 효심 10. 휴일 11. 평민 12. 학내 13. 간식 14. 공중 15. 화초 16. 식물 17. 토지 18. 차도 19. 추석 20. 천안 21. 농촌 22. 청춘 23. 출생 24. 하직 25. 가수 26. 주소 27. 백지 28. 등교 29. 시장 30. 외면 31. 조국 32. 왕명 33. 기기 34. 내천 35. 빛 색 36. 오른(쪽) 우 37. 가르칠 교 38. 고을 읍 39. 기록할 기 40. 집 실 41. 동녘 동 42. 아비 부 43. 올 래 44. 남녘 남 45. 군사 군 46. 마디 촌 47. 장인 공 48. 일만 만 49. 골 동, (밝을 통) 50. 기를 육 51. 아우 제 52. 셈 산 53. ① 電氣 54. ④ 自然 55. ⑨ 百 56. ③ 有 57. ⑤ 姓 58. ④ 時 59. ⑥ 冬 60. ⑦ 午 61. ② 母 62. ⑩ 林 63. ① 話 64. ⑧ 重 65. ③ 66. ④ 67. 같은 이름 / 이름이 같음 68. 지난해 69. ⑦ 70. ⑤

제9회 기출·예상문제

1. 겨울 동 2. 올 래 3. 낯 면 4. 한국/나라 한 5. 때 시 6. 셈 산 7. 말씀 어 8. 늙을 로 9. 저녁 석 10. 임금/주인 주 11. 무거울 중 12. 따(땅) 지 13. 기록할 기 14. 기운 기 15. 집 실 16. 고을 읍 17. 곧을 직 18. 목숨 명 19. 마을 리 20. 기기 21. 차도 22. 전화 23. 동구 24. 청춘 25. 산림 26. 해군 27. 공간 28. 강촌 29. 소장 30. 휴일 31. 형제 32. 편지 33. 출국 34. 농부 35. 입장 36. 문자 37. 교육 38. 수학 39. 자연 40. 전방 41. 백성 42. 식물 43. 남녀 44. 안심 45. 교가 46. 백색 47. 동명 48. 외식 49. 가문 50. 매년 51. 평생 52. 주민 53. ⑤ 川 54. ⑦ 千 55. ⑩ 秋 56. ⑥ 草 57. ③ 夏 58. ⑧ 孝 59. ② 活 60. ① 事 61. ⑨ 動 62. ④ 南 63. ① 白紙 64. ② 祖父母 65. ① 老 66. ④ 答 67. 음식을 먹은 뒤 68. 학교에 들어감 69. ⑧ 70. ⑪

수험번호 □□□ - □□ - □□□□　　성 명 □□□

주민등록번호 □□□□□□ - □□□□□□□

※ 한글, 한자이름 모두 사용 가능.
※ 유성펜, 연필, 붉은 색 필기구 사용 불가.

※ 답안지는 컴퓨터로 처리되므로 구기거나 더럽히지 마시고, 정답 칸 안에만 쓰십시오. 글씨가 채점란으로 들어오면 오답처리가 됩니다.

제　회 전국한자능력검정시험 7급 답안지(1) (시험시간 50분)

번호	답안란 정답	채점란 1검	2검	번호	답안란 정답	채점란 1검	2검	번호	답안란 정답	채점란 1검	2검
1				12				23			
2				13				24			
3				14				25			
4				15				26			
5				16				27			
6				17				28			
7				18				29			
8				19				30			
9				20				31			
10				21				32			
11				22				33			

감 독 위 원	채 점 위 원 (1)	채 점 위 원 (2)	채 점 위 원 (3)
(서명)	(득점) (서명)	(득점) (서명)	(득점) (서명)

※ 뒷면으로 이어짐

※ 답안지는 컴퓨터로 처리되므로 구기거나 더럽히지 마시고, 정답 칸 안에만 쓰십시오. 글씨가 채점란으로 들어오면 오답처리가 됩니다.

제   회 전국한자능력검정시험 7급 답안지(2)

번호	답 안 란 정 답	채점란 1검	2검	번호	답 안 란 정 답	채점란 1검	2검	번호	답 안 란 정 답	채점란 1검	2검
34				47				60			
35				48				61			
36				49				62			
37				50				63			
38				51				64			
39				52				65			
40				53				66			
41				54				67			
42				55				68			
43				56				69			
44				57				70			
45				58							
46				59							

사단법인 한국어문회·한국한자능력검정회

수험번호 □□□□ - □ - □□□□□   성 명 □□□□

주민등록번호 □□□□□□ - □□□□□□□

※ 한글, 한자이름 모두 사용 가능.
※ 유성펜, 연필, 붉은 색 필기구 사용 불가.

※ 답안지는 컴퓨터로 처리되므로 구기거나 더럽히지 마시고, 정답 칸 안에만 쓰십시오. 글씨가 채점란으로 들어오면 오답처리가 됩니다.

제 회 전국한자능력검정시험 7급 답안지(1) (시험시간 50분)

번호	정 답	채점란 1검	2검	번호	정 답	채점란 1검	2검	번호	정 답	채점란 1검	2검
1				12				23			
2				13				24			
3				14				25			
4				15				26			
5				16				27			
6				17				28			
7				18				29			
8				19				30			
9				20				31			
10				21				32			
11				22				33			

감 독 위 원	채 점 위 원 (1)	채 점 위 원 (2)	채 점 위 원 (3)
(서명)	(득점) (서명)	(득점) (서명)	(득점) (서명)

※ 뒷면으로 이어짐

※ 답안지는 컴퓨터로 처리되므로 구기거나 더럽히지 마시고, 정답 칸 안에만 쓰십시오. 글씨가 채점란으로 들어오면 오답처리가 됩니다.

제   회 전국한자능력검정시험 7급 답안지(2)

번호	답 안 란 정 답	채점란 1검	2검	번호	답 안 란 정 답	채점란 1검	2검	번호	답 안 란 정 답	채점란 1검	2검
34				47				60			
35				48				61			
36				49				62			
37				50				63			
38				51				64			
39				52				65			
40				53				66			
41				54				67			
42				55				68			
43				56				69			
44				57				70			
45				58							
46				59							

한자능력 검정시험

7급

특허 : **제10-0636034호**
발명의명칭 : **한자학습교재**
발명특허권자 : **백 상 빈**

2007년 7월 10일 1판 발행
2009년 9월 25일 2판 발행
2012년 1월 10일 3판 발행
2015년 1월 10일 4판 발행
2017년 1월 3일 5판 발행
2021년 1월 1일 6판 발행
2023년 1월 1일 7판 발행
2024년 1월 1일 8판 발행

엮은이   백상빈 · 김금초
발행인   백상빈

주소 | 서울특별시 영등포구 도림동 283-5
전화 | (02) 843-1246
등록 | 제 05-04-0211

도서
출판 **능 률 원**